◆ *Counseling Ethics and Law* ◆

상담 윤리와 법

김화자 지음

기독교문서선교회

기독교문서선교회(Christian Literature Center: 약칭 CLC)는 1941년 영국 콜체스터에서 켄 아담스에 의해 시작되었으며 국제 본부는 미국 필라델피아에 있습니다.
국제 CLC는 59개 나라에서 180개의 본부를 두고, 약 650여 명의 선교사들이 이동도서차량 40대를 이용하여 문서 보급에 힘쓰고 있으며 이메일 주문을 통해 130여 국으로 책을 공급하고 있습니다.
한국 CLC는 청교도적 복음주의 신학과 신앙서적을 출판하는 문서선교 기관으로서, 한 영혼이라도 구원되길 소망하면서 주님이 오시는 그날까지 최선을 다할 것입니다.

Counseling Ethics and Law

Written by
Hwacha Christine Kim, Ph.D.

Korean Edition
Copyright © 2017 by Christian Literature Center
Seoul, Korea

추천의 글 1

송 정 명 박사
미국 월드미션대학교 총장

　현대 사회는 물질문명의 급진적인 발달을 통해 여러 분야에서 삶이 편리해 지고 있다. 더구나 4차 산업혁명의 변혁기에 접어들고 있기 때문에 안주감을 느끼면서 살아가는 사람들이 점점 늘어가고 있다. 그러나 사람들의 내면세계는 채워지지 않는 요소들의 증가로 인해 공허함과 불안감, 실의와 좌절로 인한 고통 속에서 지내는 사람들이 증가하고 있다. 그로 인해 우울증 증세를 보이는 사람도 늘어나고 있다.

　이런 증세가 좀 심화되면 더 심각한 정신 질환으로 발전하고 자살 충동을 느끼고 심지어 자기 스스로 목숨을 끊는 일들이 우리 주변에서 일어나고 있다.

　이런 소식을 접할 때마다 적절한 시기에 좋은 상담자를 만나 내면의 아픔을 함께 공유하면 치유될 수 있는 길이 있을 텐데 하는 안타까운 마음이 들 때가 많다. 그래서 그런지 최근 들어 상담에 대한 관심이 증대되고 상담자에 대한 인지도가 높아지고 있다. 하지만 상담에는 많은 관심을 가지면서도 상담자들이 꼭 알고 있어야 할 요소 중의 하나인 상담자의 윤리와 법에 대해서는 간과하는 사람들이 의외로 많은 것 같아 은근히 염려가 된다.

이 분야에 깊은 관심과 우려를 느끼고 있는 김화자 박사께서 이러한 문제 대한 해결책을 제시하기 위하여 『상담 윤리와 법』이란 책을 출간하게 되었다. 얼마나 반가운 소식인지 모른다. 김화자 박사는 미국에서 학위를 받고 동시에 미국 정부가 요구하고 있는 라이센스를 취득하고 전문 상담소를 개설하여 많은 한국인과 외국인들을 상담하였다. 그러면서 상담 윤리와 법이 중요한 요소임을 절감하고 이 윤리에 따라 국제적인 상담을 진행하는 상담 전문가이다.

그와 동시에 미국 월드미션대학교 상담학 전문 지도 교수로서 10여 년 동안 전문 상담자들을 양육해 왔다. 한국복음주의상담학회 수련감독상담사로 봉사하면서 학문 현장에서 양성한 제자들 가운데 20여 명에게 1급 상담사 자격을 취득할 수 있는 기회도 부여해 준바 있다.

저자는 학문과 실제를 함께 공유하고 있기 때문에 전문 상담자로서 갖추고 있어야 할 요소를 잘 인지하고 있어 그의 저서에는 그런 요소들이 통합적으로 잘 부각되고 있다.

현재 상담을 공부하고 있는 학생들과 앞으로 상담에 관심을 가지고 있는 사람들, 목회 일선에서 상담을 진행하고 있는 목회자들이 꼭 읽고 상담 윤리나 법을 바로 이해할 수 있는 기회가 될 것 같아 일독을 권해 드리면서 기쁜 마음으로 추천한다.

2017년 세모 Los Angels에서

추천의 글 2

전요섭 박사
한국복음주의상담학회 회장
성결대학교 파이데아학부 교수

미국 월드미션대학교 상담학과 교수이신 김화자 박사께서 금번 『상담 윤리와 법』이란 책을 출간하게 된 것을 기쁘게 생각한다.

상담은 어떤 이론에 입각하여 행해야 하는가도 중요하고, 어떤 기법으로 하는가도 매우 중요하다. 하지만 그것보다 더 중요한 것은 윤리적 기반 위에서 이루어져야 한다는 것이다.

아무리 훌륭한 이론, 뛰어난 기법이라도 그것이 비윤리적 상담이거나 윤리적 지지를 얻지 못하는 상담이라면 바른 상담이라고 하기 어렵다.

따라서 저자가 임상 현장에서 발생하는 다양한 윤리적 문제를 분석하여 바른 상담을 위한 지침서를 낸 것에 대하여 시의적절하고 꼭 필요한 책을 출간하였다고 생각한다.

김화자 박사는 한국복음주의상담학회 수련감독상담사이고, 우리 학회에서 상담 윤리에 대한 전문적인 연구를 하며 학회 차원에서 지침을 제시해 준 전문가이다.

이 책이 많은 상담학자, 일선 상담사, 그리고 상담학도들에게 읽혀 상담 윤리가 정립될 수 있는 초석이 되기를 바라며 기쁜 마음으로 이 책을 추천한다.

추천의 글 3

김준수 박사
아세아연합신학대학교 기독교상담학 교수

최근 뉴스를 통해서 사회의 지도자가 되는 정치인들이나 기업인들이 불법을 행하여서 구속되고 사람들의 지탄을 받는 소식들을 접하면서 씁쓸한 마음을 금할 길이 없다. 더구나 최근에는 교회의 지도자들이 자신의 우월적 지위를 남용해서 교인에게 성폭행이나 성추행을 하여 많은 사람의 공분을 사기도 한다.

이처럼 오늘날 우리 사회는 사회의 지도자뿐 아니라 대부분의 사람들이 윤리와 도덕의식을 상실하고 오직 자신의 이기적인 유익만을 추구하며 살아가는 경향이 확산되고 있다. 가뭄이 심할수록 물의 소중함은 더욱 간절해지는 것과 같이 이러한 사회적인 분위기에서는 윤리의식이 더욱 소중하게 여겨진다. 특히 어려움에 처한 사람들을 돕고 회복시키는 직업을 가진 상담자에게는 윤리의식이 절대적으로 필요하고 중요하다.

아는 만큼 사랑한다는 말이 있듯이 윤리의식도 배워서 아는 만큼 그 수준이 높아질 수 있는 것이 사실이다. 특히 내담자는 상담자와의 관계에서 약자가 되고 을의 위치에 있게 된다. 상담자는 내담자의 매우 사적인 정보를 알게 되며 상담관계를 통해서 자연스럽게 우월적인 지위와 영향력을 행사할 수 있게 된다. 그러기에 상담자가 상담 윤리에 대한 분명한 지식을 가지고 어떻게 내담자를 윤리적으로 대해야 할지에 대한 훈련을 받지 않으면 자기도 모르게 내담자에게 치명적인 상처를 줄 수 있다.

그러나 안타까운 현실은 아직 우리나라에서는 상담을 교육하는 대학원에서 상담 윤리에 대한 관심이 적고 그 결과로 상담 윤리가 필수과목이나 선택과목으로도 제공되지 않고 있다. 상담 교육이 지난 10여 년에 걸쳐서 양적, 질적인 발전을 하였음에도 아직 상담 윤리에 대해서는 큰 관심을 갖고 있지 못하고 상담 윤리 교재로 사용할 책도 변변치 않은 열악한 상황이다. 상담학회들이 각기 상담 윤리에 관한 규정을 명시하고 있지만 미국학회의 윤리 규정을 그대로 가져온 경우가 대부분이다. 그리고 상담 윤리 규정이 있다 할지라도 자격증 시험에서 요구하는 것이 아니기 때문에 대부분 형식적으로 첨부된 경우가 많고 그 내용에 대해서는 신경을 쓰지 않는 경우가 허다하다.

이러한 상황에서 김화자 박사가 펴낸 『상담 윤리와 법』은 매우 시의적절하고 가뭄에 단비와 같은 책이라고 생각한다. 저자는 한국과 미국에서 상담학 공부를 하였으며 미국심리학회(APA) 회원으로서 학교에서의 강의와 개인 상담을 통해서 많은 경험과 함께 학문적으로도 전문가의 자격을 가지고 있다. 더구나 저자가 일반 상담 윤리뿐 아니라 기독교 상담 윤리의 원칙들을 성경적인 관점에서 제시하고 있어서 기독교 상담자나 기독교 상담을 공부하는 많은 분들에게 더욱 필요하고 도움이 될 것이다. 이 책이 한국 상담 교육 특히 상담 윤리 교육에 많은 공헌을 할 것을 기대한다.

저자 서문

김화자 박사
미국 월드미션대학교 상담학 교수

필자가 20여 년 동안 한국과 미국에서 상담 및 임상심리학을 공부하면서, 실제로 상담과 심리적 서비스에 관한 윤리에 대해 배운 것은 미국에서만이었다. 2014년 봄, 복음주의 기독교상담학회에 주제 논문으로 "한국과 미국의 윤리 규정 비교 연구"를 발표하면서, 한국에 잘 정리된 기독교 상담 윤리에 관한 책이 필요함을 깨닫고 이 책을 발간하게 되었다.

한국의 심리학회 및 여러 일반 상담학회나 기독교상담학회에서 제공하고 있는 윤리 규정들은 외국, 특히 미국이나 독일의 윤리 규정들을 그대로 빌려와 사용하고 있는 실정이다. 윤리 규정의 제정과 사용은 전문 상담자의 훈련에도 영향을 미친다. 한국에서 상담을 비롯하여 심리학적 서비스가 전문 분야로 발전하는 속도를 고려하면, 윤리 규정의 제정과 이에 대한 교육은 매우 시급한 현안이다. 특히 상담 및 임상 전문가 자격증을 수여하는 학회와 심리학자나 상담자를 양성하는 대학원에서는 그들이 지침으로 삼을 윤리를 가르치고 시행할 책임이 있다.

미국의 상담 및 심리학자 윤리 규정이 매우 구체적이고 법 규정과 대체로 일치하는 데 비해, 한국학회들의 윤리 규정은 훨씬 덜 세부적이고 심리학적 서비스와 관련된 법 규정이 매우 미흡하다. 특히, 한국 기독교/목회 상담 윤리의 경우, 기독교적 세계관과 원리들이 구체적으로 제시되지 못하였고 윤리 규정을 기독교적 세계관에서 통합하지 못한 점에서도 한계가 있다.

이 책은 이러한 한국의 실정을 고려하여 제1부에서는 상담 윤리의 근간이 되는 윤리 원리들과 기독교 상담 윤리의 원리를 소개하고(제1장), 윤리적 문제 해결을 위한 윤리적 의사결정(제2장)과 상담자의 덕 윤리(제3장)에 대해서 먼저 살펴 볼 것이다. 제2부에서는 각 심리적 서비스의 영역과 관련된 윤리 규정들을 각 장에서 구체적으로 다룰 것이다.

이 책에서 제시하고 있는 윤리 원리와 규정들은 상담 윤리의 비교적 일반적인 기준을 제시하고 있다. 상담자들이 실제 상담 장면에서 마주치게 되는 문제나 상황은 이보다 다양하고 복잡한 문제들이기 때문에, 각 문제 상황에 적용하기에 충분하지 않을 수 있음을 염두에 두어야 한다. 윤리 규정들이 모든 문제에 대한 답을 제시하는 것은 아니므로, 윤리 원리와 윤리적 의사결정, 그리고 덕 윤리가 필요한 것이다.

그럼에도 불구하고, 상담가나 임상심리학자들은 자신이 속한 학회의 윤리 규정에 대해 알고 숙지하고 있어야 한다. 왜냐하면, 윤리 규정들은 상담자로서 알아야 할 최소한의 기준들을 제시하고 있는 필수요소이기 때문이다.

이러한 윤리 규정을 필요로 하는 정신건강 전문가의 영역에는 상담심리사/전문가, 임상심리사/전문가, 심리학자, 심리치료사, 사회복지사, 기독교/목회상담사 등 다양하지만, 이 책에서 사용하고 있는 용어는 주로 상담자 또는 심리학자를 번갈아 사용하게 될 것이다. 그러나 사회복지사를 포함하여 다른 정신건강 전문가들도 이 윤리 규정들을 각 전문 영역에 적용하기를 바란다.

　이 책은 기독교/목회상담사들에게도 유익이 되도록 구성하였다. 즉, 기독교/목회상담사들이 상담 윤리를 기독교적 시각으로 어떻게 통합하여 이해하고 적용해야 하는지에 대해 상담 윤리의 원리, 덕 윤리, 그리고 다른 규정들에도 가능한 한 통합적 시각으로 제시하였다. 기독교/목회상담사들의 경우에 종교적이고 영적 접근에 대한 특수성이 있지만 그 외에 모든 상담에 관련된 윤리는 일반 학회의 윤리 원리와 규정에 상응하는 윤리의식과 윤리 규정의 준수가 필요하다고 보여진다.

　이 책의 한계는 필자가 임상심리학자로서 익숙한 윤리 규정을 우선적으로 고려했다는 점이다. 그렇기 때문에 일반 상담자들의 기준보다 더 높은 기준을 가지고 있는 경향이 있음을 독자들이 알아주기 바란다. 이 책에서 제시하고 있는 윤리 기준이 독자들이 소속되어 있고 자격증을 수여받은 각 학회들의 것들보다 훨씬 엄격하고 상세하기 때문에, 이 책에서 제시하고 있는 윤리 기준과 소속 학회의 윤리 규정 중 어느 것을 지키기로 선택하느냐는 독자들의 몫이다.

　그럼에도 불구하고 이 책에서 제시한 엄격하고 상세한 윤리 기준이 독자들에게 도움이 되기를 바라는 바이다. 한국에서 상담이 전문 분야로 발전하면서 전문적인 교육과 훈련을 받은 상담자들이 빠르게 배출되고 있는 것을 감안할 때, 그들의 활동에 대한 지침이 될 상담 윤리 교육이 하루 속히 이루어지기를 바라며, 이 책이 상담 윤리 교육과 발전에 조금이나마 이바지할 수 있기를 바란다.

마지막으로, 이 책이 나올 수 있도록 도와주고 격려해 준 분들에게 감사의 마음을 전한다. 책을 쓰는 동안 계속해서 지혜를 주신 하나님께 감사를 드린다. 바쁜 일정 가운데도 기꺼이 추천사를 써 주신 송정명 총장님, 전요섭 박사님, 김준수 박사님께 감사드리며 책을 쓸 시간을 허락해 준 월드미션대학교와 가족들, 그리고 출판을 도와 준 분들과 기독교문서선교회(CLC) 박영호 목사님께도 감사한 마음을 전한다.

contents

- 추천의 글 1 _ 송정명 박사 | 월드미션대학교 총장   4
- 추천의 글 2 _ 전요섭 박사 | 한국복음주의상담학회 회장   6
                           성결대학교 파이데아학부 교수
- 추천의 글 3 _ 김준수 박사 | 아세아연합신학대학교 기독교상담학 교수   8
- 저자 서문   10

제1부 상담 윤리의 기초

제1장 상담 윤리에 대한 이해
    1. 상담 윤리의 필요성   21
    2. 상담 윤리의 의미   25

제2장 상담 윤리의 원리
    1. 일반 상담 윤리의 원칙   29
        1) 유익성   31
        2) 무해성   32
        3) 신뢰성과 책임감   33
        4) 공정성   33
        5) 인간의 권리와 위엄 존중 및 자율성   34
        6) 정직성과 진실성   35
    2. 기독교/상담 윤리의 원리   36
        1) 하나님, 예수 그리스도, 성령   38
        2) 하나님의 말씀: 성경의 권위와 모델   41

  3) 인간관   43
  4) 공동체에 대한 책임   44

제3장 윤리적 판단과 의사결정
 1. 윤리적 의사결정에 필요한 요소들   46
  1) 윤리 규정에 대한 지식   46
  2) 가치관 및 문화적 민감성   47
 2. 윤리적 의사결정 과정   48
  1) 초기 문제 규명 단계 (1~2 단계)   50
  2) 적극적 문제 해결 단계 (3~6/7 단계)   52
  3) 의사결정 및 그 이후 단계 (7/8~9 단계)   54

제4장 상담자의 덕 윤리
 1. 덕 윤리의 모델들   59
 2. 덕 윤리의 요소들   61
  1) 지혜   62
  2) 긍휼   63
  3) 존중   65
  4) 정직   67
  5) 책임감   68
  6) 공의로움   69
  7) 겸손   70

contents

제2부 윤리 규정

제5장 상담자의 유능성
1. 상담자로서의 소명의식 …… 81
2. 유능성의 범위와 한계 …… 84
3. 자격 …… 88
4. 계속 교육 …… 90
5. 개인적 문제 …… 92

제6장 상담관계
1. 이중관계 …… 98
    1) 이중관계의 위험성 …… 98
    2) 해롭지 않은 이중관계 …… 100
    3) 문화적 차이 …… 101
    4) 이중관계의 예방 …… 103
2. 성적 관계 …… 104

제7장 비밀 보장
1. 비밀 보장의 의미와 중요성 …… 115
2. 비밀 보장을 지켜야 하는 경우들 …… 116
    1) 윤리 문제의 해결과 비밀 보장 …… 117
    2) 유능성과 비밀 보장 …… 118
    3) 인간관계와 비밀 보장 …… 118
3. 비밀 보장의 예외 …… 120
    1) 치명적 질병 …… 125

2) 자살이나 타살의 위험　　　　　　　　　　126
　　3) 아동 청소년 및 가족상담　　　　　　　　　129
　　4) 아동학대　　　　　　　　　　　　　　　　132

제8장 상담 및 심리치료

1. 상담 · 심리치료에의 동의　　　　　　　　　　140
　　1) 상담의 구조화　　　　　　　　　　　　　　140
　　2) 상담 과정 및 상담자에 대한 질문　　　　　142
　　3) 부부, 가족, 집단상담　　　　　　　　　　　145
　　4) 상담의 중단　　　　　　　　　　　　　　　147
　　5) 상담의 종결　　　　　　　　　　　　　　　149
2. 상담 · 심리치료의 기록과 보관　　　　　　　150
　　1) 치료 내용 기록　　　　　　　　　　　　　　150
　　2) 치료 기록의 보관 및 유지　　　　　　　　153
3. 상담 · 심리치료의 비용　　　　　　　　　　　156
　　1) 비용 문제　　　　　　　　　　　　　　　　156

제9장 심리검사와 평가

1. 심리검사자의 자격과 유능성　　　　　　　　162
　　1) 심리검사자의 자격　　　　　　　　　　　　162
　　2) 평가 도구의 선택　　　　　　　　　　　　　166
　　3) 문화적 요소에 대한 고려　　　　　　　　　167
　　4) 표준화된 절차와 방법　　　　　　　　　　　169
2. 사전 동의, 비밀 보장, 검사의 보안　　　　　170
　　1) 심리검사와 평가에의 사전 동의　　　　　　170

    2) 심리검사의 보안 및 평가 결과의 보안　　　　　　173
  3. 심리검사의 해석과 결과 보고　　　　　　　　　　175
    1) 인터뷰와 의료 기록의 점검　　　　　　　　　　175
    2) 심리평가 결과의 해석 및 공개　　　　　　　　176

제10장 교육과 수련

  1. 교육과 수련　　　　　　　　　　　　　　　　　　180
    1) 대학원 교과 과정과 인가　　　　　　　　　　　180
    2) 교육상담　　　　　　　　　　　　　　　　　　183
    3) 교육자와 수퍼바이저의 유능성　　　　　　　　186
    4) 사전 동의와 비밀 보장　　　　　　　　　　　　190
    5) 학생과 수련생의 평가　　　　　　　　　　　　192
    6) 학생이나 수련생의 개인정보 공개　　　　　　　194
    7) 학생 및 수련생과의 이중관계　　　　　　　　　195

제11장 연구와 출판

  1. 연구 수행과 관련된 윤리　　　　　　　　　　　　200
    1) 참여자의 보호　　　　　　　　　　　　　　　　203
    2) 연구 참여에 관한 사전 동의　　　　　　　　　　205
  2. 연구 결과의 보고와 관련된 윤리　　　　　　　　　211
    1) 연구 결과의 보고　　　　　　　　　　　　　　211
    2) 연구 반복 및 재검증 허용　　　　　　　　　　　213
    3) 표절　　　　　　　　　　　　　　　　　　　　214
    4) 출판 업적　　　　　　　　　　　　　　　　　　216

• 참고 문헌　　　　　　　　　　　　　　　　　　　　219

◆ 표 목록 ◆

표 1. 일반 상담 윤리의 원칙들 비교 … 31

표 2. 기독교 상담 윤리의 원리 비교 … 37

표 3. 대표적인 윤리적 의사결정 모델 … 49

표 4. 덕 윤리 요소 비교 … 62

표 5. 미국과 한국의 대표적 심리학회와 상담학회들의 윤리규정 비교 … 73

표 6. 유능성에 대한 미국과 한국학회들의 윤리 규정 비교 … 79

표 7. 이중관계에 대한 미국과 한국학회들의 윤리 규정 비교 … 95

표 8. 비밀 보장에 관한 미국과 한국학회들의 윤리 규정 비교 … 113

표 9. 비밀 보장의 권리에 대한 윤리적 실천 모델 … 134

표 10. 상담·심리치료에 관한 미국과 한국 학회들의 윤리 규정 비교 … 138

표 11. 심리검사·평가에 관한 미국과 한국 학회들의 윤리 규정 비교 … 161

표 12. 교육과 수련에 관한 미국과 한국학회들의 윤리 규정 비교 … 179

표 13. 연구와 출판에 관한 미국과 한국학회들의 윤리 규정 비교 … 201

제1부
상담 윤리의 기초

제1장 상담 윤리에 대한 이해
제2장 상담 윤리의 원리
제3장 윤리적 판단과 의사결정
제4장 상담자의 덕 윤리

제1장

상담 윤리에 대한 이해

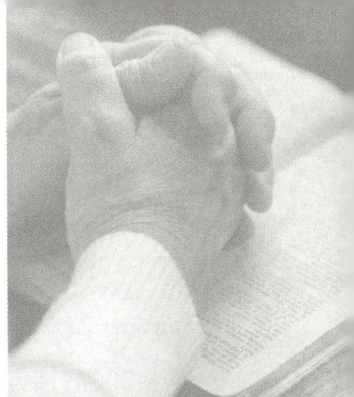

1. 상담 윤리의 필요성

한국에서는 상담 및 심리치료에 대한 인식이 높아지고 필요로 하는 사람이 많아지면서, 전문 상담자가 되기 위해 훈련받는 사람들의 수도 증가하고 있다. 이에 비해, 많은 기관들이 서로 다른 기준을 가지고 자격증을 수여하고 있으며, 상대적으로 상담자들의 자격 기준 또한 높아지고 있는 추세이다. 즉, 상담자들은 이전 보다 더 전문적인 자질과 능력을 갖추도록 요구받는다.

그러나 현재 전문 상담자의 자격증을 수여하는 대부분의 한국학회나 기관들이 상담 윤리에 대한 교육과 시험 등을 별도로 요구하지는 않는다. 상담자를 길러내는 대학원도 상담 윤리에 대해 가르치고 있는 학교가 없는 실정이다. 이는 한국의 전문 상담자 자격의 기준이 높아지고 있다고는 하나, 여전히 상담 윤리에 대한 인식이 낮거나 상담 윤리를 실행에 옮기지 못하는 현실을 반영한다고 볼 수 있다.

상담자들은 상담 장면에서 다양한 윤리적 문제들을 접할 수 있다. 미국의 경우, 상담이나 심리학적 서비스와 관련된 윤리 규정과 법 규정이 잘 발달되어 있어서, 윤리적 문제들의 보고가 빈번하다. 미국심리학회(American Psychological Association: APA) 윤리위원회의 2012년 보고에 의하면, 2007년부터 2011년 사이 매년 약 이삼백 건의 윤리 문제가 미국심리학회(APA)로 의뢰되었다(APA, 2012). 각 주 정부 윤리위원회로 보고되는 문제들을 더하면 실제는 이보다 더 많음을 추정할 수 있다.

그 중에서 실제로 미국심리학회의 조사를 받게 되거나 주정부로부터 면허가 정지 또는 박탈되어서 미국심리학회로 통보되는 경우가 2007년부터 2010년까지 평균 23건인 반면, 2011부터 2015년까지는 평균 10건이었다(APA, 2016). 이는 면허 정지나 박탈과 같이 심각한 결과를 일으키는 윤리적 문제가 훨씬 줄어들고 있음을 보여 준다는 측면에서 고무적이라 할 수 있다. 반면에 이 통계에는 미국심리학회 회원인 경우만 포함했기 때문에, 면허를 받았으나 미국심리학회 회원으로 가입되어 있지 않은 경우를 고려하면 실제는 이보다 더 많을 것으로 예상된다.

이렇듯 미국 사회에서는 윤리 문제들에 대한 인식과 해결을 법적 절차와 윤리위원회의 해결을 따르도록 분위기가 조성되어 있어서, 상담자의 윤리 교육과 그 윤리 규정의 시행에 세심한 주의를 기울이는 편이다. 상담자를 교육하는 대학원에서는 윤리에 대한 교과목을 가르치고, 자격증을 위한 시험도 이러한 윤리 및 법 규정들에 대한 지식과 판단력을 요구하며 엄격하게 시행되고 있다.

미국이 소송이 많은 것은 사실이나, 미국에서 상담 윤리를 강조하는 것이 단지 윤리 문제의 보고와 엄격한 법적 시행을 두려워해서만은 아니다. 오히려 이러한 엄격한 윤리의 시행과 규제는 상담에 대한 전문성을 강화시켜 주고 상담자를 신뢰하도록 하며, 그로 말미암아 상담이 전문 영역으로 잘 발전하도록 해 주는 역할을 하고 있다.

사회가 발전하면서 인간의 문제도 다양하고 복잡해지며, 상담에서 일어날 수 있는 윤리적인 문제들도 그만큼 다양하고 복잡해지고 있다. 예를 들어, 정보화 사회가 되면서 기계의 사용이 늘어가고 상담도 이러한 매체를 이용하여 하게 됨에 따라, 이전에는 없었던 윤리적 문제들이 발생하게 된다. 즉, 온라인으로 상담을 할 경우, 그에 따른 비밀 보장의 문제 등 다양한 이슈들이 제기되고 있다. 또는 사회가 발달하면서 다양한 관계가 형성되고, 그에 따라 상담자가 상담 이외의 장소나 상황에서 내담자를 마주칠 기회가 커진다. 이러한 경우, 상담자가 어떻게 내담자와의 관계를 다룰 것인지도 상담 윤리의 한 대표적인 예가 된다.

이러한 문제들을 마주하게 될 때, 상담자들이 어떠한 판단과 결정을 내려야 하는지는 매우 중요한 문제이다. 상담자가 윤리적인 문제를 효과적으로 해결하기 위해서는 자신이 먼저 윤리적이어야 하고, 상담 활동의 전반에 걸쳐 높은 수준의 윤리적 기준과 인식이 있어야 하고, 윤리적 기준들을 지키고 따라야 한다. 다시 말하면, 윤리적인 상담자가 윤리 기준들을 잘 지키며 상담에 임해야 한다는 것이다. 그러할 때, 상담자는 상담에서 일어날 수 있는 다양하고 복잡한 윤리적 문제들에 효과적으로 대처할 수 있다.

상담은 전문 영역이다. 전문성은 그 분야에 대한 지식과 기술, 사회적 책임과 봉사, 자신보다는 서비스를 받는 대상의 유익을 우선시하는 것을 포함한다(김현아 외, 2013). 마찬가지로 전문 상담가의 직업윤리는 상담자가 자신의 전문성을 유지하도록 요구한다.

첫 번째 단계로, 상담자가 상담에 관한 이론적 지식과 상담의 구체적 기술을

습득하고 그것을 인정받는 것으로 자격증을 부여받는다.

　자격증은 상담자가 전문 상담자로서 최소한의 자격을 갖추었음을 인정하는 것이다. 그러므로 상담자는 자격증을 받은 이후에 계속적인 노력을 통해 자신의 역량을 키워가야 하는데, 이것이 전문 상담가로서 취해야 하는 윤리 중 하나이다.

두 번째 단계로, 상담자는 다른 사람을 돌보는 일을 하는 사람이다.

　다른 사람을 돌보는 자로서 취해야 할 자세와 태도 및 규범들이 있는 것이다. 대표적으로 예를 들면, 내담자를 보호하고 그의 유익을 상담자 개인의 유익보다 우선시해야 하는 것이다. 이러한 자세와 규범들은 각 소속 학회나 정부에서 규정하고 있으며, 이를 잘 준행할 의무가 상담자에게 있다.

세 번째 단계로, 상담자는 사회에 대한 책임이 있는 공인이라고 할 수 있다.

　상담은 영리를 목적으로 하는 개인사업과는 다르다. 상담에 대한 비용을 받기는 하지만, 상담은 서비스를 받는 내담자뿐만 아니라 그와 관련된 사람들에 대해 지켜야 할 덕목들이 있다. 예를 들어, 상담자는 상담을 잘 수행하는 것 이외에도 정직하고 신뢰할 만한 사람이어야 한다. 상담자의 위치가 내담자뿐 아니라 사회 전체에 유익을 끼치는 입장에 놓여있음을 인식해야 한다. 또한 상담자는 자신이 소속된 전문가 그룹에 대한 책임과 사회에 대한 책임이 있다. 자신의 행동은 전문가 그룹을 대표하기도 하며, 사회에서 상담자에게 기대하는 역할과 책임이 있음을 인정해야 한다.

　기독교/목회 상담자들이 상담에 임할 때 윤리적이어야 함은 그들의 종교적 가치관을 고려할 때 당연하다. 이는 전문가로서 상담 윤리를 지키는 것이 일반 직업윤리 차원에서 필요하다면, 기독교/목회 상담자는 상담에 대한 소명의식을 가지고 임하기 때문이다. 오히려 기독교/목회 상담자는 일반 직업윤리보다 더 높은 수준의 윤리 기준을 유지할 수 있어야 한다고 주장한다(Collins, 1996). 그러므로 기독교/목회 상담자들에게 더욱 상담 윤리가 필요하며, 그 이상을 유지하려고 노력해야 한다.

기독교/목회 상담자들에게 상담 윤리가 필요한 또 다른 이유는 기독교의 인간관, 즉 죄의 영향 아래 타락한 본성을 가진 인간의 특성에 대해 인정하기 때문이다. 상담자가 아무리 전문적인 훈련을 받고 자격증을 가진 전문가라 하더라도 불완전한 인간에 불과하다. 즉, 유능한 상담자라도 자신의 한계를 인정할 수 있어야 하며, 잘못을 저지를 위험이 있는 사람이라는 것을 인정해야만 한다. 사회적으로 존경받는 사람들이 부도덕한 일을 저지르는 경우나, 전문 상담자가 비윤리적 행위를 저지르는 경우가 일어나는 근본적인 이유도 인간의 한계와 불완전함에서 기인한다고 볼 수 있다.

이처럼 기독교/목회 상담자는 인간의 본성을 인정하기 때문에, 그 한계에 빠지지 않기 위해서 더욱 자신의 행동을 규제할 수 있는 윤리 기준들을 따를 필요가 있다.

2. 상담 윤리의 의미

그렇다면, 윤리적이란 말의 의미는 무엇이며, 이것이 상담에서는 어떤 의미가 있는가?

윤리와 비슷한 말이 도덕이다. 윤리와 도덕의 개념과 그 둘의 구분을 비교하면서 상담 윤리의 개념에 대해 이해해 보자.

대부분의 사람들은 도덕(morality)과 윤리(ethics)라는 말을 별도로 구분하지 않고 함께 사용한다. 왜냐하면, 윤리라는 말의 어원이 그리스어 에티케(*ethike*, 인격을 연구하는 학문)에서 유래하였고, 이 단어가 라틴어로 모레스(*mores*)로 번역되었기 때문이다(Rachels, 2006). 레이첼스(Rachels)는 도덕과 윤리를 굳이 구분하지 않고 도덕에 대한 정의를 내렸는데, 그 정의는 상담 윤리의 내용을 매우 잘 반영해 준다. 그에 의하면, "도덕이란 자신의 행위로 인해 영향 받을 모든 사람들의 이익을 똑같이 고려하면서 이성에 따라 행동하려는 노력, 즉 그렇게 하는 최상의 이유가 있는 행위를 하는 것"이다.

이와 같이, 상담 윤리는 상담자로 하여금 자신의 의사결정으로 인해 영향 받을 모든 사람들을 고려하도록 하며, 이성적으로 가능한 한 최선의 선택을 하도록 한다. 그 영향을 받을 사람은 내담자일 수도 있고, 내담자와 관련된 다른 개인이나 집단이 될 수도 있기 때문에 상담자의 윤리는 매우 중요한 문제가 된다.

반면, 윤리와 도덕이란 두 용어를 구분하여 사용하는 경우 학자에 따라 그 구분의 기준이 다르다. 티젤베이(Tjeltveit, 1997)는 도덕이 '인간이 어떻게 살아야 하는가'에 대한 지침이라면, 윤리는 이러한 도덕적 질문과 비도덕적 질문을 모두 포함한다고 보았다. 예를 들어, 부모를 공경하는 것은 마땅한 인간의 도리로서 도덕인 반면, 우울증을 겪거나 그로부터 해방되어 행복해지고자 하는 것은 도덕적인 것과는 무관하다. 그는 이처럼 윤리는 도덕적인 문제와 도덕과는 무관한 문제들을 함께 다루는 것으로 구분을 하였다.

이와 유사하게, 상담 윤리는 상담이 반드시 도덕적인 면만을 다루지 않는다는 점에서 윤리라는 말을 사용하는 것이 더 적합해 보인다. 상담 윤리는 도덕적으로 옳은 면을 추구하기도 하지만, 비밀 보장이나 이중 관계의 위험에 대한 인식 등 상담의 특수성과 관련된 경우가 많다.

윤리와 도덕의 개념을 구분하는 또 다른 입장에서는 도덕을 '옳고 그름의 내용, 즉 윤리적 결정의 결과'라면, 윤리는 '무엇이 옳고 그른지를 결정하는 과정'이라고 한다(Rae, 1995). 즉, 윤리는 과학적이면서도 예술적인 면을 포함하는 직관적 영역이라면, 도덕은 그 산물이라고 본다. 이러한 구분은 상담 윤리가 주어진 문제 상황에 대처하기 위해 논리적이고 비판적으로 사고하는 과정을 포함한다. 또한 모든 상황에 일관되게 적용될 수 있는 정답이 없는 상황에서 최선의 선택을 하는 과정이라는 점을 상기시켜 준다. 이는 상담자가 어떤 윤리적 결정에 도달하기 전에 얼마나 심사숙고하여 의사결정을 하는지, 그 과정을 중요시해야 함을 시사해 준다.

요약하면, 상담 윤리는 도덕적 비도덕적 문제들을 포함하여 상담에서 일어날 수 있는 문제나 상황을 해결하기 위해 상담자의 객관적이고 비판적인 의사결정의 과정으로, 그 결과로 인해 영향 받을 모든 대상들을 고려하는 것을 포함한다. 상담 윤리는 상담과 관련하여 윤리적인 이슈들을 인식하고 판단하는 차원과 그것을 실제로 다루는 행위적 차원을 포함한다. 즉, 상담자가 어떤 상황이나 문제가 윤리적인지 아닌지를 먼저 인식하고 판단할 수 있어야 하며, 이를 행동으로 옮길 책임 또한 상담자에게 있다.

제2장
상담 윤리의 원리

상담 윤리의 근간이 되는 원리와 원칙은 무엇인가?

기독교/목회 상담자들에게도 동일하게 적용될 수 있는 원리와 원칙인가?

이 장에서는 일반적으로 받아들여지는 상담 윤리의 원칙들과 기독교적 윤리 원칙들에 대해서 살펴보고자 한다. 일반 상담 윤리와 그 원칙은 그 사회에서 규정한 법이나 도덕, 가치관으로 결정되며, 문화마다 조금씩 다를 수 있다. 기독교 상담 윤리의 원칙이 일반 상담 윤리의 원리와 다르다는 것은 상반된다는 의미가 아니다.

살펴보겠지만, 일반 윤리 원칙들은 기독교 상담 윤리 원칙과 많은 부분 공통성을 가지고 있으며 표현의 차이와 그 근원적 기독교 상담 윤리의 원칙들이 일반 윤리 원칙에 포함되지는 않는다. 왜냐하면, 기독교 상담 윤리 원칙들이 더 근원적이고 포괄적이라고 볼 수 있기 때문이다.

1. 일반 상담 윤리의 원칙

상담전문가 자격 기준을 제시하고 자격증을 수여하는 대부분의 한국 상담관련 학회들이 사용하고 있는 상담 윤리의 원칙은 미국심리학회나 상담학회의 것들을 그대로 사용하고 있다. 상담을 포함해 정신건강 및 돌봄과 관련된 영역에서 일반적으로 많이 사용하고 있는 윤리 원칙은 키치너와 앤더슨이 제시한 다음의 다섯 가지이다(Kitchener & Anderson, 2011).

① 유익성(beneficence)
② 무해성(nonmaleficence)
③ 신뢰성(fidelity)
④ 공정성(justice)
⑤ 자율성(autonomy)

이와 유사하게 미국상담학회(American Counseling Association: ACA)에서도 여섯 가지 원칙을 윤리 규정들 앞에 내세우고 있다(ACA, 2014).

① 무해성(nonmaleficence)
② 유익성(beneficence)
③ 신뢰성(fidelity)
④ 공정성(justice)
⑤ 자율성(autonomy)
⑥ 진실성(veracity)

이는 미국심리학회에서 제시하고 있는 다섯 가지 기본 원칙과 유사하다. 미국심리학회에서는 다음과 같은 윤리 원칙을 제시하고 있다(APA, 2010).

① 유익성과 무해성(beneficence and nonmaleficence)
② 신뢰성과 책임감(fidelity and responsibility)
③ 공정성(justice)
④ 정직성(integrity)
⑤ 인간의 권리와 위엄 존중(respect for people's rights and dignity)

미국심리학회는 유익성과 무해성을 같은 영역에서 다루었고, 미국상담학회의 진실성 원칙은 미국심리학회의 정직성의 원칙과 관련된다고 볼 수 있다. 그리고 자율성은 미국심리학회의 인간의 권리와 위엄 존중과 일맥상통한다고 볼 수 있다.

즉, 이 원칙들은 결국 같은 내용들을 다루고 있으며, 미국심리학회와 미국상담학회에서 공통적으로 정직성/진실성의 원칙을 더하고 있다. 이 윤리 원칙들은 강제성을 띄는 의무(requirement)가 아니라, 그렇게 되기를 바라는 소망(aspiration)의 차원에서 제시되었다. 이 원칙들은 구체적인 윤리 규정의 근간이 되며, 특정 상황에 적합한 윤리 규정이 없을 때 윤리적 결정을 하는 기준으로 사용되기도 한다. 각 원칙들을 구체적으로 살펴보자.

표 1. 일반 상담 윤리의 원칙들 비교

미국심리학회(APA)	미국상담학회(ACA)	키치너와 앤더슨 (Kitchener & Anderson)
유익성과 무해성 신뢰성과 책임감 공정성 인간의 권리와 존엄 존중 정직성	유익성 무해성 신뢰성 공정성 자율성 진실성	유익성 무해성 신뢰성 공정성 자율성

1) 유익성

　유익성과 무해성은 위의 표에서도 보듯이, 하나의 원칙으로 설명하기도 하고 따로 구별하기도 한다. 내용인즉, 상담자나 심리학자들이 자신들이 서비스를 제공하고 있는 사람들의 유익을 위해 노력하되, 해를 끼치지 말아야 한다는 의미이다. 상담은 도움을 주고자 하는 관계이므로, 내담자의 유익을 위하는 것은 가장 기본적인 상담자의 임무이다.

　이는 연구, 교육, 수퍼비전, 상담, 자문, 행정 등 모든 영역에 적용해야 한다. 이러한 임무는 한 개인을 넘어 그가 속한 사회에도 적용되며, 내담자의 문화적 맥락을 고려하는 것도 포함한다(APA, 2010; Kitchener & Anderson, 2011; Corey, 2011). 구체적인 예를 들자면, 교수가 교육 장면에서 학생들에게 교육의 유익을 주기 위해 가장 최근에 이루어진 연구들에 관심을 계속해서 가지며, 출판된 지 오래된 책을 교재로 사용하기보다는 최근에 개정된 교재들을 선택하는 것이 이러한 유익성의 윤리 원리에 입각한 행동이라고 할 수 있다.

2) 무해성

내담자의 유익을 구하고 보호하고자 하는 것이 가장 우선시 되는 상담자의 임무가 유익성이라면, 무해성은 상담자가 내담자에게 적극적으로 해를 끼치지 않아야 하는 임무이다. 대표적인 예로, 상담자가 내담자와 성적 관계를 맺을 때, 내담자의 유익을 위하지 못할 뿐 아니라 내담자에게 해를 끼치는 경우로서 이 윤리 원칙에 위배되는 것이다. 심지어 동물을 연구에 사용할 경우에도 함부로 대하지 않는 태도도 포함한다.

또한 이해관계에 갈등이 일어날 경우에도 상대방에게 피해를 최소화하는 방향으로 결정하도록 노력해야 한다. 전문가들의 결정과 행동은 사회적으로나 개인적으로 다른 사람들에게 영향을 미치므로, 자신이 다른 사람에게 미칠 영향을 인식하고 세심한 주의를 기울여야 한다(APA, 2010). 이는 자신의 상황이나 상태가 다른 사람에게 해를 끼치지 않도록 하기 위해서, 상담이나 자문, 수퍼비전, 계속 교육 등을 받는 근거가 된다. 이 원칙은 심리검사와 진단에도 해당된다.

대표적인 예로 1972년의 샌프란시스코 법원이 래리 대 윌슨 라일스(Rarry P. v. Wilson Riles)의 법적 공방에서 아프리카계 미국인 아이들이 지능검사 결과 정신지체아로 판명이 지나치게 많이 나고, 그 결과 아이들은 정신지체라는 꼬리표를 달게 되었다. 이에 대해 법원은 심리검사를 통한 진단이 아이들에게 유익보다는 해를 입혔다고 판단하여 학교에서 아프리카계 미국인 아이들에게 더 이상 일반 지능검사를 사용하지 못하게 판결을 내렸는데, 바로 이 윤리 원칙에 입각한 결정이라고 할 수 있다(Kitchener & Anderson, 2011). 지능검사 결과로 특수 교육을 받는 유익이 있을 수도 있지만, 그 아이들이 부담해야 하는 정신지체라는 꼬리표가 줄 수 있는 해가 더 크다는 것이다.

3) 신뢰성과 책임감

상담 전문가들은 함께 일하는 사람들과 신뢰관계를 형성해야 한다. 대표적인 예로 상담에서 비밀 보장을 지키는 행위이다(Kitchener & Anderson, 2011). 상담자는 내담자뿐 아니라 사회와 커뮤니티에 대해서도 신뢰성과 책임감을 가져야 한다. 즉, 전문가로서의 품행 유지, 윤리 규정의 준수, 자신의 역할과 책무에 대한 분명한 인식, 행동에 대한 책임, 다른 사람에게 해를 주지 않기 위한 노력, 서비스를 받는 대상의 유익 추구 등을 통해 신뢰할 수 있는 사람임을 보여줘야 한다.

이는 또한 다른 전문가와의 협력과 동료의 윤리적 책무에 대해서도 관심을 가져야 함을 의미한다. 전문가로서 사회에 공헌하는, 이른바 무료 서비스(pro bono service)와 같은 봉사 차원의 참여도 필요하다(APA, 2010).

4) 공정성

공정성은 상담자와 심리학자들은 모든 사람들을 공정하게 대해야 하며 편중될 가능성이나 자신의 능력의 한계를 인지하고 있어야 한다는 것이다. 이는 서비스의 기회와 치료비와 주로 관련되는 데, 상담자들은 그들의 연구나 상담서비스를 받는 사람들에게 동등한 기회를 제공하고자 노력해야 한다. 즉, 참여자들의 나이, 인종, 성별, 국적, 종교, 성적 경향성, 장애, 사회경제적 지위 등에 따라 불공정하게 대하거나 차별하지 않아야 한다.

　예를 들어, 자신의 가치관과 상반되는 가치관을 가진 사람에게 필요한 서비스를 제공하거나, 경제적으로 치료비를 충분히 지불할 능력이 없는 사람에게도 서비스를 제공할 수 있어야 한다. 이는 상담자가 사회적 필요와 정의에도 민감할 필요가 있음을 시사해 준다.

5) 인간의 권리와 위엄 존중 및 자율성

　마지막으로 인간의 권리와 위엄에 대한 존중은 개인의 사생활 보호와 의사결정권에 대한 존중을 의미하는데, 이를 위해서 상담자나 심리학자는 내담자의 문화, 개인차, 역할 등을 존중하고 자신이 가진 편견에 영향 받지 않도록 유의해야 한다.

　특히 내담자들이 선택과 결정에 대한 자유가 있음을 인식하고 상담자의 방식대로 강요하지 말아야 한다. 이는 상담의 특성을 잘 보여 주는 영역이다. 왜냐하면, 상담은 최대한 내담자로 하여금 스스로 선택하고 자신의 삶에 책임을 지도록 하는 것과 관련이 되기 때문이다. 물론 내담자가 잘못된 길로 가고자 할 때, 상담자가 그 위험성과 결과에 대해 예상해 보고 평가해 보도록 할 수는 있지만 내담자를 대신해서 결정해 줄 수는 없다.

6) 정직성과 진실성

정직과 진실함은 상담자가 연구, 교육, 상담 등 그들의 활동에 있어서 거짓이 없고 정직하고 정확해야 함을 말한다. 이는 청렴결백이라는 말이 잘 어울리는 윤리 원칙이다. 연구를 할 때도, 다른 사람의 연구를 훔치거나, 자료나 사실을 왜곡하거나, 의도적으로 정보를 오도하여 속이지 말아야 함을 의미한다. 이는 상담자들이 그렇게 하지 말하야 하는 것뿐 아니라, 다른 사람에 의해 오도되거나 왜곡된 경우에도 그것을 바로잡을 수 있어야 한다.

예를 들어, 다른 사람이 박사 학위를 마치지 않고 수료한 사람을 박사라고 부르거나, 신문이나 방송 등의 매체에서 자신의 명칭을 잘못 사용할 때, 그것을 바로잡는 것은 이러한 윤리 원칙을 바탕으로 한 행위라고 할 수 있다. 이는 4장에서 살펴 볼 덕 윤리에 해당하는 윤리 원칙이라고 본다.

대표적으로 인정되어 온 여섯 가지 윤리 원칙에 대해 살펴보았다. 이 윤리 원칙들은 상담을 비롯한 모든 정신건강 전문가들에게 매우 필요한 기본 원칙들이다.

그렇다면, 이 윤리 원칙들을 기독교/목회 상담자들은 어떻게 해석하고 적용해야 하는가?

일반 윤리의 원칙을 기독교적 세계관으로 접근하는 전문가들이 사용하기에 충분한가?

미국심리학회(APA)의 윤리는 심리학자들을 위해 제시되었고 과학으로서의 심리학을 전제로 한다. 그러므로 과학주의, 인본주의, 실용주의의 입장에서 윤리 원칙들이 제시되었다. 반면, 키치너와 앤더슨이 요약한 원칙들은 의학을 위해 제정된 것들을 상담에 적용한 것으로, 자연과학과 사회과학의 원리를 바탕으로 하였다(Beck, 1997). 이 원칙들은 기독교적 관점에 대치되지는 않지만 그렇다고 기독교적 원리를 충분히 대변하지 않으며 그렇게 하려고 하지도 않는다. 그러므로 기독교/목회 상담가들은 이 윤리 원칙을 기독교적 세계관에서 재해석하고 통합해야 할 필요가 있으며, 기독교적 세계관에 근거한 상담 윤리의 원리를 별도로 가지고 있을 필요가 있다.

어느 학회에서 규정한 윤리 규정이라도 한계가 있고 윤리 규정이 모든 상황에 적용될 수는 없다. 윤리 규정은 대표적으로 일어날 수 있는 윤리적 문제 상황에 대한 지침이므로, 윤리 규정의 바탕이 되는 윤리 원칙에 대한 이해와 정립이 필요하다. 특히, 일반 상담 윤리의 원칙이 비록 기독교적인 세계관과 어긋나지는 않더라도 기독교/목회 상담자들에게는 불충분하기 때문에, 기독교적인 가치관으로 정립된 윤리 원칙이 필요해 보인다.

2. 기독교/상담 윤리의 원리

기독교 상담 윤리의 원리는 단지 일반 윤리 원칙들을 기독교적 관점으로 재해석하여 적용하기보다는, 성경적이면서 동시에 일반 윤리 원칙들을 포함할 수 있는 것이어야 한다(김화자, 2014). 여러 기독교 상담학회나 학자들이 주장하고 있는 기독교 상담 윤리의 원리들이 공통으로 포함하고 있는 내용은, 하나님의 속성, 예수 그리스도의 모델, 성령의 역할, 성경의 권위와 모델, 교회와의 연합과 책임, 그리스도를 닮는 성품, 리더십, 헌신, 사회에 대한 책임감, 관계의 중요성 등이다.

제1부 / 제2장 / 상담 윤리의 원리   37

표 2. 기독교 상담 윤리의 원리 비교

김회자		콜린스(Collins)	미국기독교상담자협회 (AACC)	미국기독교심리학회 (CAPS)	샌더스(Sanders)	일반윤리원칙
하나님, 성령, 예수 그리스도	A. 하나님의 속성	하나님의 성품			사랑, 공정성 정직, 언약 관계	공정성, 진실성
	B. 예수 그리스도의 권위		예수 그리스도의 권위 예수 그리스도께 헌신	그리스도의 중으로서의 삶 성령에의 소명 청지기 의식		정직성
	C. 성령의 역할		성령의 인도	성령에 의한 성화	하나님의 통치	
하나님의 말씀	A. 성경의 권위		성경 제시 존중			
	B. 성경의 모델	하나님의 말씀				
인간관	A. 하나님의 형상			하나님의 형상	하나님의 형상 자율성 겸손	자율성, 존엄성 유익성, 무해성
	B. 죄의 영향			타락한 죄성		
공동체에 대한 책임	A. 교회에 대한 책임	공동체	교회와의 결속	상호 관련의 관면 이웃 사랑과 관심	공동체의 관심 공동체에의 관심	
	B. 사회에 대한 책임		종교의 자유	전문적 사회적 헌신	전문가로서 책임감	신뢰성

표 2에서 보았듯이, 콜린스(Collins)와 미국기독교상담자협회(American Association of Christian Counselors: AACC)가 유사한 윤리 원리를 주장하였고, 미국기독교심리학회(Christian Association of Psychological Studies: CAPS)와 샌더스(Sanders)가 같은 범주의 윤리 원리를 제시하였다. 콜린스와 미국기독교상담자협회가 제시한 윤리 원리에는 하나님의 형상과 죄의 영향에 관한 인간관이 빠져 있는 반면, 샌더스와 미국기독교심리학회가 주창한 윤리 원리에는 하나님의 말씀의 범주가 빠져 있다. 기독교 상담 윤리의 원리로 진리의 기준이 되는 동시에 성경에서 얻을 수 있는 윤리에 관한 지혜를 제공한다는 점에서 하나님의 말씀을 빼 놓을 수 없다.

마찬가지로, 윤리적 상담을 위해서 상담자와 내담자의 인간관은 상담자가 내담자를 어떤 관점으로 볼 것이며, 상담자 자신의 한계를 인정하는 근거가 되기 때문에 매우 중요한 영역이라고 할 수 있다. 그러므로 필자는 기독교 상담 윤리의 원리에 이 두 요소를 포함하였고, 윤리 원리를 범주로 나누되 범주 내에서 다시 구체적 항목으로 나누어 제시하였다. 또한 표 2는 일반 상담 윤리의 원칙이 기독교 상담 윤리의 원리에 어떻게 관련 또는 포함되는지를 볼 수 있도록 하였다.

1) 하나님, 예수 그리스도, 성령

(1) 하나님의 속성

래이(Rae)에 의하면, 도덕은 하나님의 속성이다(Rae, 2000). 하나님의 여러 속성 중 도덕성이 그 하나이다. 하나님은 도덕적으로 완전하다. 옳고 그름은 근본적으로 하나님에게서 나왔으며, 인간의 삶이 어떠해야 하는지에 관한 질서와 방향도 그에게서 나왔다. 하나님은 누구의 규제를 받지 않으면서 본인 스스로 선하신 분이시다. 모든 선함과 깨끗함과 정결함과 거룩함이 그에게서 나온다. 윤리적 상담자는 사랑과 공의가 조화를 이루어야 하는데, 하나님은 바로 사랑과 공의를 함께 가지신 분이시다. 이러한 하나님의 속성을 그대로 인간의 몸으로 보여 주신 이가 예수님이시기에, 우리의 도덕이나 윤리의 중심에 예수님을 두어야 한다.

하나님은 모든 믿는 자들에게 그의 거룩함을 닮도록 요구하셨다(레 11:45). 그 거룩함에는 도덕성이 포함되어 있다. 구약에서는 거룩함에 이르는 길로 율법이 제시되었고, 율법은 도덕과 구분되지 않았다(Rae, 2000). 거룩하기 위해서는 법을 지키는 순종과 윤리적 삶이 따라와야 했다. 그러므로 하나님의 거룩함은 도덕성을 포함한다고 볼 수 있다. 신약에서는 거룩함에 대한 추구를 성화의 과정으로 이해할 수 있다. 성화는 곧 거룩하고, 사랑이시며, 공의로우신 예수님을 닮아가는 과정이며, 여기에는 윤리적 삶과 인격적 성숙이 포함된다(Rae, 2000).

하나님의 속성은 기독교 상담자가 어떠한 사람이 되어야 하는지에 대해 통찰을 준다. 바로 윤리적 상담자는 하나님, 즉 예수 그리스도를 자신들의 윤리의 모델로 삼아 거룩함과 사랑과 공의, 그리고 진리를 추구해야 한다. 이러한 특성은 내담자의 유익추구, 정직과 진실함, 공정함 등을 포함한다. 이처럼, 기독교 상담자는 일반 상담 윤리보다 더 고차원적인 윤리로의 부르심을 받은 사람들이다. 왜냐하면, 이는 단지 학회나 정부의 윤리 규정을 따르는 차원을 넘어서는 것이기 때문이다(Collins, 1996).

(2) 예수 그리스도의 권위

예수 그리스도는 기독교 상담과 윤리의 모델이 될 뿐 아니라, 상담자의 상담활동과 윤리의 최종 권위를 가진다(AACC, 2014). 즉, 상담자가 윤리 규정을 기준으로 상담을 수행하기에 앞서, 예수 그리스도의 청지기로서 어떻게 상담에 임해야 하는지부터 점검이 되어야 한다.

상담이 단순한 직업이 아닌 하나님께로부터 받은 소명임을 아는 상담자라면, 가장 높은 수준의 준비와 유능함을 갖춰야 함은 분명하다. 이는 상담자를 교육하고 훈련하고 유능성을 갖추도록 하며, 계속적으로 교육을 받도록 하는 근거가 된다. 그러므로 상담을 비롯한 전문 활동들이 예수님께로부터 부여받은 사명이며 그분의 사역의 연장임을 이해한다면, 예수 그리스도야 말로 외부의 기준보다 더욱 확실한 윤리의 기준이 된다(Sanders, 2013).

(3) 성령의 역할

성령은 성화를 주도하시는 분이기 때문에 상담의 영역에서 배재될 수 없다(CAPS, 2005). 기독교 상담자는 다른 사람을 성장시키기 위해 성령의 인도하심을 받아야 한다(AACC, 2014). 하나님은 성령을 통해 교회에서만 우리와 함께 하시는 것이 아니라 우리의 직업의 현장에도 함께 하신다. 상담자가 윤리적 문제에 직면하였을 때도 마찬가지이다(Sanders, 2013). 상담자가 윤리 규정을 아는 것과 매 순간 얼마나 윤리적으로 의사결정하고 행동으로 옮길 수 있는지는 별개일 수 있다. 상담자 또한 인간이기 때문에 자신에게 유리한 쪽으로 의사결정을 할 수 있다.

예를 들어, 내담자가 유능한 사업가이고 상담자에게 수익이 큰 사업적인 업무를 제안할 때, 상담자는 어떻게 할 것인가?

상담자가 내담자에게 해가 되는 이중관계를 피하는 것이 윤리 규정임에도 불구하고, 자신이 객관성을 유지할 수 있다고 스스로를 설득하고 이중관계에 빠질 수도 있다. 그러나 모든 상황에 함께 하시는 성령의 도움과 지혜를 구한다면 상담자의 윤리적 결정은 달라질 수 있을 것이다. 즉, 성령의 임재를 인정하는 것은 상담자가 비윤리적으로 행동할 가능성을 줄여준다. 그러므로 기독교 상담자는 무소부재하시는 하나님의 임재를 윤리적 상담의 기초로 삼을 필요가 있다. 성도의 삶을 견인하는 성령의 역할을 인식하고, 상담자의 한계로 인해 성령의 지혜를 구할 필요성이 있음을 인정해야 할 것이다.

2) 하나님의 말씀: 성경의 권위와 모델

(1) 성경의 권위

성경은 하나님의 말씀으로서 갖는 권위와 윤리의 원리를 제공해 주는 면에서 기독교 상담 윤리의 기초로 삼을 필요가 있다. 성경이 갖는 권위는 하나님이 진리를 계시하시는 특별한 통로이기 때문에 그 자체가 기독교 상담자들에게 권위를 갖는다. 콜린스는 하나님의 말씀이 윤리적인 상담에 바탕이 되어야 한다고 주장한다.

기독교 상담자는 일반상식과 직관을 사용할 뿐 아니라, 윤리적 문제를 해결하는 데 있어서 진리의 기준인 성경의 원리를 우선으로 따라야 한다. 상담자가 유의해야 하는 것은 다양하고 복잡한 상담의 문제영역에 성경의 구체적인 예를 따를 수도 있지만, 성경적 원리를 이해하고 적용하는 지혜가 필요하다(Collins, 1996; AACC, 2014). 왜냐하면, 성경은 윤리 문제를 위한 교과서가 아니기 때문에 성경에서 말하고 있는 원리를 적용하고자 노력해야 한다.

(2) 성경의 모델

성경은 윤리 교과서가 아니지만, 성경 전반에 걸쳐 윤리적 내용이 편만하다. 십계명을 포함한 율법과 선지자들이 요구하는 바는 하나님의 피조물인 인간이 어떻게 살아야 하는지에 관한 지침을 제공해 준다. 이 지침의 내용은 하나님과의 관계와 공동체의 다른 사람들과의 관계에 관한 것이다(Rae, 200). 이러한 구약의 도덕은 신약에서도 일맥상통하게 이어진다. 예수님이 강조한 신약의 윤리는 하나님을 사랑하고 이웃을 사랑하라는 것으로, 이른바 '사랑의 윤리'(ethic of love)라고 부른다(Sanders, 2013; Rae, 2000). 즉, 성경 전체를 통해 인간의 윤리적 삶에 대한 기초를 발견할 수 있다.

그러므로 기독교 상담자는 윤리적 결정을 할 때, 성경의 원리를 바탕으로 해야 한다. 성경이 모든 윤리적 문제 상황에 관한 답을 제공하지는 않지만, 상담자의 윤리적 결정이 성경적인지 아니면 성경적 가치관에 위배되는지를 판단하는 하나의 기준이 되어야 한다. 대부분의 윤리적 상황에서 일반 세속적 윤리 원칙과 성경적 원리가 별 차이 없이 적용될 수 있다. 그러나 성경의 원리는 세상의 윤리 원칙을 뛰어넘는 면이 있다.

예를 들어, 마태복음 20장에 나오는 포도원의 품꾼에게 그들이 하루 중 언제 일을 시작했든지 같은 삯을 주시는 예수님의 비유는 분명 세상이 말하는 공정성의 원리를 초월하는 하나님 나라의 원리이다(마 20:1-16). 이 공정함은 하나님의 자비와 은혜로 공정성의 의미가 더 커질 수 있음을 보여 준다.

3) 인간관

(1) 하나님의 형상

기독교 상담자는 인간에 대한 성경적 관점을 가질 필요가 있다. 즉, 인간은 하나님의 피조물로서 하나님의 형상을 지닌 존재이다(창 1:27). 상담자가 그들의 전문적 활동을 통해 만나는 모든 대상들, 즉 내담자와 학생, 연구 참여자, 동료 등은 하나님의 형상을 지닌 존재로서 위엄을 가지고 있으며 존귀한 대우를 받을 필요가 있다(CAPS, 2005; Sanders, 2013). 이는 일반 윤리 원칙의 인간존엄성, 자율성, 유익성, 무해성 등의 원리를 내포하고 있다.

즉, 상담자는 기본적으로 내담자를 비롯한 대상들을 존중하고 자율적으로 선택할 수 있는 그들의 의사결정권을 침해하지 않아야 한다. 이는 또한 상담자가 그들의 서비스를 받는 대상들의 유익을 위하되 해를 끼치지 말아야 하는 이유도 된다.

(2) 죄의 영향

인간은 존귀한 존재인 동시에, 죄로 인해 타락한 존재로서 죄의 영향을 받는다(롬 3:23). 이러한 타락한 본성으로 인해 인간은 갈등과 어려움을 겪을 수밖에 없다(CAPS, 2005).

기독교적 관점에서 죄의 문제와 관련된 윤리적인 상황에 봉착했을 때, 상담자는 어떤 윤리적인 의사결정을 할 수 있을 것인가?

예를 들어, 내담자가 낙태를 하려고 하거나 또는 혼외 관계를 유지하고자 하는 등의 경우에 기독교 상담자인 당신은 어떻게 하기를 원하는가?

죄를 깨닫게 하여 회개하고 돌이키도록 하는 것이 과연 최선인가?

어떤 윤리적 결정을 내리든지, 상담자는 내담자의 자율적인 의사결정을 침해하지 않으면서 인간의 죄성에 대한 인식과 통찰이 생기도록 노력해야 한다.

이러한 인간의 죄성에 대한 이해는 상담자에게도 마찬가지로 적용되어야 한다. 상담자도 죄의 영향 아래 있기 때문에 얼마든지 비윤리적인 행동을 할 여지가 있다. 그러므로 윤리 규정을 통해 더욱 자신의 한계를 지키고 경각심을 가지며, 계속해서 교육받으며, 다른 사람의 도움을 필요로 한다는 사실을 염두에 두어야 한다. 필요에 따라 수퍼비전을 받기도 하고 자문을 구하거나, 다른 사람에게 내담자를 의뢰해야 하기도 한다. 이처럼 죄의 영향에 대한 인식은 상담자로 하여금 겸손하게 상담에 임하게 할 수 있다.

4) 공동체에 대한 책임

(1) 교회에 대한 책임

기독교 상담자에게 있어서 윤리는 교회 공동체의 동료들과도 관련된다. 기독교 상담자들은 하나님과 친밀한 관계를 유지하며, 그것이 타인을 향한 사랑과 책임 있는 돌봄으로 나타나야 한다. 즉, 기독교 상담자는 지역 교회에 소속된 한 사람의 성도여야 하며, 교회 공동체에서 서로를 격려하며 권면하는 역할을 해야 한다(AACC, 2014; CAPS, 2005).

반면에, 상담자 또한 교회로부터 격려와 지지를 받고 건강한 관계로부터 보호받을 수 있다. 공동체와 다른 사람으로부터 받는 사랑과 지지는 상담자로 하여금 소진되지 않도록 한다. 즉, 교회 공동체에의 소속은 상담자로 하여금 책임감을 갖게 하는 동시에 지지체계가 될 수 있다는 면에서 매우 중요하다(Sanders, 2013).

(2) 사회에 대한 책임

전문 상담자는 정부나 소속 학회로부터 자격증을 부여받은 사람들로서 윤리적 책임을 다해야 한다. 그러므로 전문 기독교 상담자들이 소속 학회나 정부의 윤리 규정을 알고 지키는 일은 마땅하다(Collins, 1996). 기독교 상담자는 오히려 '그리스도와 교회의 대변인'으로서 전문적 사회적 영역에 헌신 되어 있어야 한다. 이는 곧 그들의 모든 전문 활동에 신뢰할 만하며, 그리스도의 종으로서 지도력을 발휘하며, 공동체를 위한 책임의식을 가지고, 하나님의 뜻을 반영하는 삶이 동반되어야 함을 의미한다(AACC, 2014; CAPS, 2005).

특히 미국기독교심리학회의 경우, 기독교 상담자들이 일반 학회의 윤리 규정을 지켜야 하며, 그렇지 못할 경우 학회에서 제명할 것을 명시하고 있다. 기독교 상담자가 일반 윤리 규정을 지키지 않으면서 기독교 상담을 실행하는 것은 옳지 않다. 이와 같이, 기독교 상담자들은 그들이 교육, 연구, 상담 등을 포함한 모든 활동에 있어서 사회에 대해 전문가로서 그리고 기독교인으로서 신뢰할 만하며 정직하고 책임감 있게 임해야 한다.

이와 같이, 기독교 상담자들이 윤리적 문제 상황을 잘 다루기 위해서는 성경의 원리와 진리들에 대한 확신과 이해가 필요하다. 이 장에서는 이러한 성경적인 기독교 상담 윤리의 원리들을 살펴보았다. 이 원리들은 이후에 살펴 볼 구체적인 윤리 규정의 근간이 되어 상담자가 윤리적 의사결정을 하는 지침이 된다.

제3장
윤리적 판단과 의사결정

상담자들은 자신이 속한 학회나 정부의 윤리 규정을 정직하고 성실하게 따르고 지켜야 하는데, 이러한 윤리 원칙과 세부 규정은 대부분의 경우에 적용할 수 있지만 구체적인 윤리적 딜레마에 충분하지 않을 수 있다. 왜냐하면, 각각의 문제 상황은 독특하게 일어날 수 있고, 윤리 규정이 모든 윤리 문제들을 포함할 수는 없기 때문이다. 그러므로 다양하고 복잡한 윤리적 문제를 해결하기 위해서는 어떤 상황에서도 윤리적인 판단과 결정을 할 수 있는 상담자의 의사결정 능력이 필요하다.

1. 윤리적 의사결정에 필요한 요소들

1) 윤리 규정에 대한 지식

윤리적 의사결정에 앞서 고려해야 할 사항들이 있다. 우선, 상담자가 윤리 규정과 윤리 원칙들에 익숙해 있어야 한다. 상담자가 윤리 규정을 알고 있을 때 윤리 문제를 쉽게 분별할 수 있고, 문제 상황을 효과적으로 해결해 나갈 수 있다. 당면한 문제가 윤리적인 문제인지를 구분하는 능력은 상담자의 윤리 규정과 법 규정에 관한 지식이 있을 때 가능하다. 이에 더불어 기독교/목회 상담자들은 성경에 대한 지식과 그 원리에 대한 이해도 필요하다.

미국의 경우, 상담자를 길러내는 대학원 과정에서 윤리를 가르치고 자격증을 위한 시험에 이러한 내용이 포함되어 있기 때문에 상담자들이 윤리 규정에 익숙해질 기회는 많다. 자격증을 받은 이후에도 계속 교육 요건에 윤리 규정과 관련된 일정 시간을 요구하여 상담자로 하여금 윤리에 민감하도록 계속해서 고무하고 있다.

2) 가치관 및 문화적 민감성

윤리적 문제를 분별하고 효과적으로 접근하기 위해서는 상담자 자신의 가치관과 문화에 대한 민감성이 요구된다(Corey, 2011). 상담자의 가치관, 종교, 문화, 인종에 따라 문제를 보는 시각은 다를 수 있다. 이는 내담자에게도 동일하게 적용해 볼 수 있다.

예를 들어, 한국 부모가 자녀를 양육할 때 체벌을 사용하는 것을 자연스럽게 생각하는 것은 한국 문화에서는 가능하지만, 백인 상담자는 이를 문화적으로 보기보다는 아동학대의 문제로 다룰 가능성이 크다. 미국에서 실제로 이러한 사례가 종종 일어나는 것이 사실이다. 문화적 차이에 대한 인식은 문제를 효과적으로 해결하는 데 도움이 될 뿐 아니라 상담관계에도 기여를 한다.

그러므로 상담자가 본인과 내담자의 문화, 가치관, 종교, 인종 등의 요소들을 고려하는 것은 윤리적인 문제를 해결하기에 앞서 갖추어야 하는 상담자의 태도로서 중요하다. 또 다른 예로, 집단주의 문화의 영향을 비교적 많이 받은 상담자는 내담자와 전문적 관계에서 경계를 잘 긋는 일이 어려울 수 있고, 이중관계에 자기도 모르는 사이에 빠질 가능성도 높다. 또는 기독교/목회 상담자는 내담자의 문제를 종교적인 관점에서 접근하기 쉬우므로 내담자의 자기 결정권을 충분히 지지하지 않을 수도 있다.

2. 윤리적 의사결정 과정

상담자의 윤리적 의사결정을 위해 여러 모델이 제시되었다. 그 모델들은 적게는 일곱 단계에서 많게는 열한 단계에 이르는 의사결정의 과정을 제시하고 있다(Kitchener & Anderson, 2011; Sternberg, 2012; 금명자, 2010). 여러 모델이 제시하는 의사결정의 과정은 대동소이하다.

표 3은 대표적인 의사결정 모델들 중에서 일반 모델과 기독교 모델을 비교하여 제시하였다. 이 의사결정 모델은 기본적으로 순차적으로 진행되는 단계 모델이지만, 반드시 그 순서를 지켜야 하는 것은 아니다. 오히려 과정들 간에 상호적으로 영향을 주기도 하고 단계에 상관없이 이루어질 수 있는 과정들도 있다. 예를 들어, 윤리 규정과 법 규정은 동시에 고려해야 할 수도 있으며, 자문은 어느 의사결정 단계에서나 가능하다.

표 3. 대표적인 윤리적 의사결정 모델

단계	일반 의사결정 모델		기독교적 의사결정 모델	
	키치너(Kitchener)	코리(Corey)	샌더스(Sanders)	래이(Rae)
1	자신의 반응 예상	문제나 딜레마 확인	윤리적 상황 평가	정보수집
2	가지고 있는 정보 점검	관련된 이슈 확인	규정과 원리로 문제 규명	윤리적 이슈의 결정
3	가능한 대안 확인	윤리 규정 점검	자신의 감정 이해, 처리	관련된 윤리 원리 결정
4	윤리 규정 참조	관련 법 규정 알기	자문(항상 가능)	가능한 모든 대안 탐색
5	근본 윤리적 이슈 평가	자문	고려할 대상과 이유 결정	대안들 비교분석
6	법/기관의 정책 확인	가능한 행동 고려	이전 판례 참조	결과 고려
7	대안 재평가, 계획 확인	다양한 결과 예상	가능한 대안 고려	의사결정
8	계획 실행 및 기록	최선의 행동 선택	의사결정 및 책임	
9	결과 돌아보기			

　표 3에 제시된 모델들이 언급하고 있는 의사결정 과정의 공통 단계들을 크게 초기 문제 규명 단계, 적극적 문제 해결 단계, 의사결정 및 그 이후 단계로 나누어 볼 수 있다. 이 전체 과정은 한 회기 안에 매우 빠른 시간 내에 이루어지는 경우도 있지만 몇 회기에 걸쳐서 이루어지는 과정이 될 수도 있다. 어느 단계에 있든지, 상담자가 고려하고 취한 행동에 대해 상담 노트에 기록해 두는 것이 매우 중요하다. 특히, 법원과 관련될 수 있는 경우에는 더욱 그러하다(Corey, 2011).
　자문은 특정 단계에서만 하기보다는, 어느 단계에서나 필요에 따라 특정 분야의 전문가 또는 경험이 있고 신뢰할만한 전문가에게 자문을 구하는 것이 좋다. 왜냐하면 상담자가 모든 문제의 해답을 알 수는 없을뿐더러, 자문은 제3자의 입장에서 상담자가 미처 고려하지 못한 점을 객관적으로 볼 수 있도록 해 주기 때문이다.

1) 초기 문제 규명 단계 (1~2 단계)

(1) 윤리 규정, 법 규정, 기관의 규정에 대한 지식

상담자가 당면한 문제가 윤리적 의사결정을 해야 하는 상황인지 확인하고 정확하게 규명하는 과정이다. 이 과정에서는 상담자의 윤리 규정과 법 규정에 대한 사전 지식 및 경험이 문제를 빨리 인식하는 데 영향을 준다(Sanders, 2013). 윤리 규정과 법 규정, 기관의 정책 등에 비추어 보되, 이들 상호 간에 규정들이 서로 다르거나 상반되는 경우도 있다. 기준이 서로 다를 경우에는 그 중에서 더 엄격한 기준을 따르는 것이 안전하다. 왜냐하면 더 엄격한 기준은 덜 엄격한 기준을 포함할 수 있기 때문이다.

그러나 기준이 서로 상반될 경우, 최종적으로는 법 규정을 따라야 하지만 자신이 소속한 학회의 윤리 규정을 최대한 지키기 위해 노력해야 한다(APA, 2010). 즉, 단순하게 법을 준수하면 된다고 생각하기보다는 상담자가 법 규정과 윤리 규정 양쪽을 얼마나 지키려고 노력했느냐의 과정이 중요하다.

(2) 정보의 수집

이 단계에서 문제를 분명히 규명하기 위해 정보가 더 필요할 수도 있으므로, 관련된 정보를 최대한 수집하고 활용해야 한다. 정보의 수집은 문제에 따라 내담자로부터 얻어야 하기도 하고, 제3자에 의해 주어지는 경우도 있다. 윤리적 문제와 관련해서 제3자가 상담자에게 내담자에 관한 정보를 알릴 때, 내담자의 정보에 대해 비밀 보장을 유의해야 한다. 즉, 상담자는 내담자의 정보를 그 제3자와 논의하려고 해서는 안

되며, 제3자가 제공한 정보를 내담자와 논의하는 것이 바람직하다. 이는 이후 비밀 보장에 관한 내용에서 더 상세히 다룰 것이다.

(3) 감정적 단서와 이해

상담자가 윤리적인 이슈를 마주칠 때 자신의 감정을 살피는 것도 중요하다(Corey, 2011; Sanders, 2013). 왜냐하면, 윤리적 문제는 심리적 불편감이나 긴장감 등 상담자에게 감정적인 반응을 일으키는 경우가 흔하기 때문에, 자신의 감정적 반응이 윤리적 문제 인식의 단서가 될 수 있다. 뿐만 아니라 문제 해결 과정에서 겪을 수 있는 부담감이나 스트레스를 잘 이해하고 다루는 것도 중요하다.

이처럼 의사결정의 초기 단계에는 윤리적 문제를 판단하고 확인하는 단계이기 때문에 상담자의 윤리적 민감성이 요구된다. 또한 상담자가 윤리적으로 민감하기 위해서는 자신에 대한 성찰과 인식이 있어야 한다. 특히 상담자가 비윤리적으로 행동하기 쉬운 위험 요인들에 대해 경각심을 가져야 한다. 상담자의 무지와 오해, 무능력, 무감각, 착취하는 경향, 무책임한 행동, 복수심, 정서적 결함이나 소진, 대인관계의 경계선 부족이나 왜곡, 자기 합리화, 실수 등은 상담자가 비윤리적 행동에 빠질 가능성을 높이므로 이에 대해 먼저 자신의 문제를 점검할 필요가 있다(Koocher & Keith-Spiegel, 2008). 또한, 윤리적 문제인지 정확하게 판단이 서지 않을 때는 자문을 구하는 것이 바람직하다.

2) 적극적 문제 해결 단계 (3~6/7 단계)

윤리적인 문제가 분명해지면, 그 문제를 어떻게 접근하여 해결하는지 그 과정이 뒤따른다. 이 단계에서는 관련된 윤리 규정과 윤리 원칙에서 제시하는 해결책을 알아보고, 법 규정과 기관의 정책을 통해 해결 가능한지를 살펴보고, 가능한 대안을 탐색하고, 그 대안들의 결과를 비교분석하여 최선의 선택을 찾는 과정이 이루어진다.

(1) 윤리 규정, 법 규정, 기관 정책을 통한 해결책 모색

주어진 상황과 관련된 윤리 규정을 확인하되, 한 가지 이상의 규정을 확인할 필요가 있다. 왜냐하면, 대부분의 문제 상황의 경우 한두 가지 이상의 윤리 규정들이 상호 관련되기 때문이다.

이 단계에서는 윤리 규정을 따르는 것뿐 아니라, 관련 문제나 상황에 관한 법률 규정을 확인하는 것 또한 상담자의 임무이다. 그러므로 상담자는 상담과 관련된 법 규정에 관한 사전지식을 갖출 필요가 있다. 문제에 비해 윤리 규정이 정확하게 들어맞지 않는 경우에는 윤리 원칙이나 원리를 참조해야 한다(Sanders, 2013).

여러 원리들이 고려될 수 있지만, 그 중에서 어느 것에 더 비중을 두어야 하는지는 상담자의 가치관이 영향을 준다. 그러므로 상담자는 자신의 가치관과 문화에 대한 인식이 있어야 하고 그것이 자신의 윤리적 의사결정에 미치는 영향에 민감해야 한다. 예를 들어, 이 과정에서 기독교/목회 상담자가 성경적인 윤리 원리를 확인하고 적용하는 것은 매우 의미 있는 일이지만(Rae, 2000), 그것이 다른 윤리 원리와 상반되지 않는지를 함께 고려해야 한다.

(2) 대안탐색과 비교분석

윤리 규정과 법 규정, 윤리 원칙, 또는 기독교/목회 상담자의 경우 성경의 원리를 바탕으로 가능한 대안을 탐색하고 그 대안들을 비교분석하여 그 중에서 가장 최선의 대안을 찾는 노력이 필요하다. 창의적으로 문제 해결 방안을 모색하기 위해서는 가능한 한 여러 대안들을 고려하여 각 대안의 장단점과 그 대안들이 가져올 결과를 예상해 보아야 한다. 상담자의 역할이 일반인과 다른 점은 상담관계에서 뿐만 아니라, 윤리적 문제를 해결하는 과정에서도 자신의 행동이나 결정이 가져올 영향이나 결과를 미리 예상할 수 있는 능력에 있다. 대부분의 대안들은 장단점이 있으므로, 내담자의 유익을 최대화하고 피해를 최소화할 수 있는 방안을 선택해야 한다. 그러나 때로 내담자의 유익보다 다른 사람의 유익이나 안전이 더 우선시되는 경우도 있을 수 있다(Sanders, 2013; APA 2010).

예를 들어, 내담자의 행동이 다른 사람에게 악영향을 주거나 다른 사람의 안전을 위협할 수 있는 경우에는 내담자의 유익보다는 제3자의 안전을 더 우선시해야 한다. 아동학대나 노인학대의 경우 관련 공공기관에 보고해야 하는 경우가 대표적인 예가 될 수 있다. 이처럼, 상황이나 사안에 따라 더 보호해야 하는 대상이 달라질 수 있고, 위험이나 안전의 정도도 평가할 필요가 있다.

(3) 자문

이 과정에서는 특히 의사결정을 내리기 전에 다른 분야의 전문가나 수퍼바이저, 동료 등에게 자문을 구하는 것이 안전하다. 좋은 자문을 해 줄 수 있는 사람으로는 경험이 있고, 객관적 시각을 제공해 줄 수 있고, 윤리적 문제에 관해 잘 알고 있으며, 신뢰할 만한 사람이어야 한다 (Sanders, 2013).

어떤 대안을 선택하든지 상담자가 자신의 윤리적 결정에 대해 책임을 져야 한다. 단, 상담자가 자격증이 없고 수련 중일 경우에는 그의 수퍼바이저가 책임을 진다. 그러므로 수련생일 경우 수퍼바이저와 당면 문제를 의논하는 것이 마땅하다. 이처럼 대안을 탐색하고 최선의 대안을 찾는 것은 쉬운 일이 아니다. 그러기 위해서는 최대한 논리적이고 합리적인 의사결정 과정이 이루어져야 하며, 여러 대안들을 비교분석하고 노력을 거친 과정을 기록해 두어야 한다. 상담자는 윤리적 의사결정의 과정에 내담자를 포함시킬 필요가 있다(Corey, 2011).

치료적인 의미에서도 그 대안이 왜 필요한지, 내담자에게 어떤 의미가 있는지, 결정과 관련된 내담자의 반응과 이해, 내담자의 책임의식 등을 다루어야 하기 때문이기도 하다. 이러한 내담자와의 논의는 윤리적 문제가 발생한 처음부터 결정에 이르기까지 가능한 한 지속되는 것이 좋다.

3) 의사결정 및 그 이후 단계 (7/8~9 단계)

초기와 중기의 과정을 거친 후 의사결정의 마지막 단계에서는 계획을 실행에 옮기고 그에 대해 기록을 할 필요가 있다. 의사결정이 가장 이상적인 선택이 되지 않을 수도 있으나, 주어진 조건에서 최선의 방법을 선택해야 하는 단계이다. 어떤 결정이든 그 결정에 이르게 된 과정과 논리를 기록해야 한다. 왜냐하면, 상담자는 자신이 내린 결정에 대해 책임을 져야 하기 때문이다. 더불어 그 결과에 대해 평가하고 반성하는 것은 이후의 윤리적 의사결정에 중요한 지침이 된다. 의사결정 후 그것을 평가하는 것을 내담자와 함께 하는 것이 바람직하다. 왜냐하면, 상담자의 윤리적 의사결정으로 인해 내담자와 관계가 훼손되기도 하며, 의사결정이 내담자에게 미친 영향을 이해하고 처리하는 과정이 필요하기 때문이다.

요약하면, 대부분의 의사결정 모델이 제시하는 의사결정의 과정은 대동소이하다. 즉, 윤리적 문제가 무엇인지 규명하고, 정보를 수집하고, 해당 문제와 관련된 윤리 규정과 법 규정을 참조하고, 윤리 원리들에 비추어 보고, 의사결정 하기 전에 대안들을 비교평가하고, 자문을 구하고, 의사결정 이후 평가하고 반성하는 과정을 포함한다.

이러한 윤리적인 의사결정을 지혜롭게 하기 위해서는 상담자의 윤리 규정과 법 규정에 관한 지식과 윤리적 문제에 대한 민감성이 요구되며, 상담자의 문화와 가치관, 지식이 요구된다. 또한 윤리적 의사결정 과정은 문제를 명료화하고 판단하는 것에서부터, 다양한 대안을 탐색하고 비교분석하여 결과를 예상하는 등 논리적 추론과 비평적 사고능력이 요구된다.

콜린스(1996)는 의사결정 단계보다는 윤리적 의사결정을 위해 상담자가 스스로에게 해야 할 질문들을 제시하였다. 즉, 어떤 결정을 해야 하는지, 부가적으로 필요한 정보는 무엇인지, 성경은 어떤 기준을 제공하는지, 윤리 규정의 기준은 어떠한지, 최선의 선택은 무엇인지, 사랑을 가장 잘 행하는 방법은 무엇인지, 각 대안이 가져 올 결과나 영향은 어떤 것인지, 개인적인 편견, 신념, 가치, 태도 등이 어떤 영향을 주는지, 다른 전문가들은 어떻게 생각하는지, 옳은 일이라는 느낌은 어떤 것인지 등을 살필 것을 강조하였다.

윤리적 의사결정 모델은 논리적 추론과 판단을 거쳐 윤리적 행동으로 이어지는 일련의 과정에 대해서 다룬다.

반면, 많은 연구자들이 상담자의 윤리에 있어서, 윤리적 지식과 판단 능력으로 충분한가에 대해 이의를 제기해왔다(Rogerson, Gottlieb, Handelsman, Knapp, & Youngreen, 2011). 즉, 상담자의 윤리적 지식이 반드시 윤리적 행동으로 이어지는가 하는 문제이다. 이들은 기존의 윤리적 의사결정 모델들이 지나치게 논리적이고 직관적인 수준과 비평적 사고능력에만 초점을 맞추었다는 한계를 지적하면서, 윤리적 행동에는 비논리적 요인들도 영향을 미친다고 주장한다.

예를 들어, 개인의 감정, 지각, 관계, 상황 맥락, 해석 등에 의해 윤리적 의사결정이 영향을 받을 수 있다. 정서적 민감성, 개인의 가치, 상황적 요소, 직관적 요소를 합리적이고 논리적인 분석 과정과 함께 고려해야 한다는 것이다. 이러한 비윤리적 요소들에 민감하고 그 영향을 고려할 수 있으려면, 상담자가 일상에서 이러한 면들을 자각하고 반성하는 자성찰의 과정이 있을 때 가능하다. 자신을 살피는 훈련, 즉 자기 인식과 통찰을 증진시키는 노력이 윤리적 상담자에게 필요하다.

제4장
상담자의 덕 윤리

앞 장에서는 상황이 윤리적인지 아닌지 주어진 상황에서 어떻게 하면 윤리적인 의사결정을 내릴 수 있는지에 관한 내용이라면, 본 장에서는 가장 윤리적인 상담자는 어떤 사람인가에 관한 것이다. 윤리적 의사결정이 윤리적 문제 상황이 일어날 때 상담자가 어떻게 행동해야 하는지에 대해 다루고 있다면, 덕 윤리는 윤리적 문제가 일어나지 않을 때 상담자는 어떤 사람인가를 다룬다. 그러므로 윤리적 의사결정에서 강조되는 윤리 원리와 규정은 상담자의 행위와 선택에 초점을 맞추는 반면, 덕(virtue)윤리는 상담자의 성품과 됨됨이 또는 이상적 모습을 강조한다(Corey, and Callanan, 2011).

덕 윤리를 강조하는 사람들은 행동 위주의 윤리의 한계를 다음과 같이 지적한다(Rae, 1995).

① 행동 위주의 윤리는 윤리를 흔하지 않는 도덕적인 딜레마를 해결하는 것으로 축소시킨다.
② 도덕이라는 것은 행동뿐 아니라 태도를 포함하기 때문에 도덕적

인 덕, 성품과 인격의 도덕성을 함양해야 한다고 주장한다.
③ 행위 위주의 윤리는 옳은 일을 하고자 하는 동기를 제공하지는 못한다는 점이다.
④ 행위를 강조하는 윤리는 율법주의에 빠질 위험이 있다.
⑤ 행위윤리는 개인의 자율성이나 이성적 추론에 근거한 도덕적 능력을 강조하므로, 관계나 공동체에서 배울 수 있는 덕 윤리를 간과한다.

윤리적인 상담자는 윤리적 의사결정을 잘 하는 것으로 충분한가? 아니면, 윤리적인 사람이 되어야 하는가?

윤리적 판단과 추론을 논리적으로 잘 하는 사람은 윤리적 행동을 할 가능성은 크지만, 그가 반드시 윤리적인 사람인가는 별개의 문제이다. 반면, 윤리적인 상담자는 윤리적인 판단과 행동을 할 가능성이 크다. 상담자가 훌륭한 도덕적 성품을 갖추는 것은 단순히 윤리 강령을 지키는 것보다 더 중요하다. 그 이유는 다음과 같다.

① 상담자는 계속해서 성장에 열려 있어야 하고 그 성장은 자신의 인격적 성숙을 포함하기 때문이다.
② 그런 사람은 윤리의 원리와 규정들을 더 쉽게 이해하기 때문이다. 그러므로 상담 윤리의 원리와 규정들을 알고 지키는 것도 중요하지만, 그것을 실행할 상담자의 성품은 더 중요하다.

이 장에서는 윤리적인 행동을 이끄는 윤리적인 성품 또는 덕 윤리에 대해서 살펴보고자 한다.

1. 덕 윤리의 모델들

레스트(Rest, 1994)는 의사결정 모델이 논리적 추론 과정에 치우침을 지적하며, 윤리적으로 행동하는 데 도움이 되는 모델을 제시하였다. 대부분의 윤리적 의사결정 모델이 직선적인 단계 모델인데 비해, 레스트는 시간적 과정에 상관없이 도덕적인 행동을 하도록 하는 네 가지 요소들을 소개하였다(Rest, 1994).

① 도덕적 민감성(moral sensitivity)
② 도덕적 판단(moral judgment)
③ 도덕적 동기(moral motivation)
④ 도덕적 성품(moral character)

도덕적 민감성은 우리의 행동이나 결정이 다른 사람에게 미칠 영향에 대해 얼마나 민감한가에 관한 것이다. 즉, 도덕적인 행동을 하지 못하는 사람은 자신의 행동이 다른 사람에게 미칠 영향에 대한 인식 자체를 하지 못할 수 있다는 것이다. 이러한 도덕적 민감성이 부족하면, 상담자로 하여금 윤리적 문제 상황을 민첩하게 판단하지 못하도록 한다.

도덕적 판단은 어떤 행동이 도덕적으로 옳고 그르다는 것을 판단할 수 있는 능력을 말한다. 이는 도덕적 문제 해결 과정에서 대안들 중에서 어떤 것이 더 도덕적이고 더 적합한지를 판단할 수 있도록 한다. 도덕적 민감성과 도덕적 판단은 앞서 살펴본 윤리적 의사결정과 관련된다.

반면, 도덕적 동기는 윤리적 가치들을 얼마나 중요시하느냐와 관련된다. 즉 비윤리적인 동기들―예를 들어, 돈이나 성공―보다 도덕적인 이상을 추구하는 것을 우선시할 수 있는가의 문제이다. 도덕적 성품은 윤리적 이상을 실현하는 데 필요한 용기와 인내, 극기, 강인함 등을 의미한다(Rest, 1994).

그 외에도 뷰챔프(Beauchamp)와 칠드리스(Childress, 2001)는 의학 분야에 필요한 도덕 덕목으로 긍휼(compassion), 분별(discernment), 신뢰성(trustworthiness), 양심(conscientiousness), 정직(integrity)을 중요하게 여긴 반면, 미라(Meara)와 그의 동료들(1996)은 심리학에 필요한 도덕 덕목으로 분별(prudence), 정직(integrity), 존중(respectfulness), 자비(benevolence)를 중요시했다. 한편, 파워스(Fowers, 2005)는 구체적인 법이나 규칙이 없을 때에도 올바르게 상황에 대처하는 능력으로 실용적 지혜(practical wisdom)의 중요성을 강조했다. 이들의 의견을 바탕으로 키치너(Kitchener)와 앤더슨(Anderson)(2011)은 상담자의 도덕적 덕목으로 실용적 지혜/분별력(practical wisdom or prudence), 정직(integrity), 존중(respectfulness), 신뢰성(trustworthiness), 돌봄/긍휼(care or compassion)을 제시하였다.

마찬가지로, 기독교/목회 상담자가 성경적으로 윤리적 판단과 의사결정을 잘 하기 위해서는 그러한 사람이 먼저 되어야 한다. 콜린스(1996)는 유능한 기독교 상담자의 특성으로 분명한 사명, 순수한 동기, 정직한 방법을 제시하였다. 기독교/목회 상담자는 상담이 하나님의 부르심이라는 소명의식이 분명해야 하고, 다른 동기가 아닌 그리스도의 사랑으로 다른 사람을 섬기려는 동기가 있으며, 자신의 한계를 겸손하고 정직하게 인정하고 성령의 도우심을 구해야 한다는 것이다.

이러한 특성은 분명히 윤리적 상담자의 덕목으로 필요하며, 기독교/목회 상담자가 윤리적으로 행동할 가능성을 높여준다. 특히, 기독교/

목회 상담자의 도덕적 판단과 행동은 그가 맺고 있는 하나님과의 관계에서 출발한다는 면에서 매우 중요하다. 성경은 기독교/목회 상담자들이 따라야 할 성숙의 모습으로 사랑과 희락과 화평과 오래 참음과 자비와 양선과 충성과 온유와 절제를 제시하고 있다(갈 5:22-23). 이 열매들은 행동뿐 아니라 인격과 성품에 관한 것임을 볼 때 기독교/목회 상담자의 도덕적 성품에 대한 훈련이 필요함을 알 수 있다(Rae, 1994).

2. 덕 윤리의 요소들

윤리 원칙과 규정들이 외부의 기준으로서 필요하다면, 그 윤리 규정을 지키는 상담자의 내부 기준으로서 덕을 함양하는 것 또한 동일하게 필요하다. 즉, 윤리적 딜레마를 해결하는 데에만 유능해질 것이 아니라, 윤리적인 상담자가 되는 것에 노력을 기울여야 한다. 상담자들이 윤리 규정을 지키는 행위에만 초점을 맞추게 되면 자칫하면 윤리의 본질적인 동기와 목적을 상실할 수도 있다. 윤리 규정들은 상담자들이 지킬 필수요건이지 필요충분조건이 아니다. 그러므로 상담자들에게는 구체적인 윤리 규정과 더불어 인격의 성숙, 즉 성품의 윤리가 동시에 강조되어야 한다.

특히 기독교/목회 상담자의 인격적 성숙은 하나님과의 친밀한 관계를 바탕으로 하기 때문에(Sanders, 2013), 하나님과의 깊은 친밀한 관계를 통해 하나님의 성품을 배우고 닮아가는 것이 중요하다. 상담자는 어떠한 도덕적 모습을 인격으로 함양하고 있어야 하는지에 대해 여러 이론가들이 강조한 내용들을 정리해 보면, 상담가가 갖추어야 할 덕 윤리는 지혜, 긍휼, 존중, 정직, 책임감, 공의로움, 겸손과 같은 것들이다.

표 4. 덕 윤리 요소 비교

공통 요소	키치너와 애더슨 (Kitchener & Anderson)	윤리 원칙	콜린스(Collins)	레스트(Rest)
지혜	실용적 지혜/분별력			도덕적 민감성
				도덕적 판단
긍휼	돌봄/긍휼	유익성, 무해성	순수한 동기	도덕적 동기 (이상추구)
존중	존중	존중/자율성		
정직	정직	정직성	정직한 방법	도덕적 성품 (용기, 인내, 극기, 강인함)
책임감	신뢰성	신뢰성	분명한 사명	
공의로움		공정성		
겸손				

1) 지혜

상담자가 갖추어야 하는 도덕 덕목 중 하나는 지혜이다. 상담에서 일어날 수 있는 윤리적 이슈들은 다양하고 복잡하기 때문에, 상담자가 상황을 분석하고 대처할 수 있기 위해서는 지혜가 필요하다. 특히 지혜는 상황이나 문제가 윤리적인지 민감하게 파악하고 분별하는 것을 포함한다. 상담자가 문제의 이면에 있는 동기를 파악할 수 있고 그 결과를 예상할 수 있는 것은 지혜가 있을 때 가능하다.

이처럼 상담자는 상대방의 동기를 파악하고 자신을 지키기 위해서, 문제의 핵심을 파악할 수 있기 위해서, 자신의 행동이나 의사결정이 미칠 영향을 미리 예상할 수 있기 위해서, 교과서에 없는 새로운 문제를 윤리적으로 해결하기 위해서는 지혜가 필요하다. 또한 해당 상황에 구체적인 법이나 규정이 없을 때에도 올바르게 상황에 대처할 수 있고, 반대로 상황을 고려하지 않은 채 윤리 규정을 문자 그대로 적용하지 않기 위해서도 상담자에게는 지혜가 필요하다.

이 지혜는 앞에서 언급한 분별(discernment; Beauchamp & Childress, 2001; prudence; Meara et al., 1996) 또는 실용적 지혜(practical wisdom; Fowers, 2005)와 같은 맥락이라고 볼 수 있다. 키치너와 앤더슨(2011)은 이를 윤리적 의사결정과 판단 과정에서 논리적이고 합리적인 결정을 할 수 있는 능력이라고 설명하였다. 이는 상담의 윤리적 이슈들이 대부분 절대적인 선과 악을 논하기 어려운 점을 고려할 때 더욱 필요하다. 즉, 상황을 도덕적인 것으로 인식하고 불확실한 상황에 선을 분별해 내고, 이를 행동으로 옮기는 것을 포함한다.

2) 긍휼

상담자는 긍휼한 마음이 있어야 한다. 상담은 일차적으로 다른 사람을 돌보는 일이다. 그러므로 상담자에게 무엇보다 필요한 자세는 바로 긍휼히 여기는 마음이다. 긍휼은 상담자가 다른 사람을 대할 때 따뜻한 온정으로 나타나는데, 이는 로저스(Rogers)가 말한 상담자의 자질 중 하나와도 같은 특성이다. 고통을 당하는 사람들을 향한 긍휼과 자비의 마음은 상담을 하는 이유와 동기이기도 하다. 상담자는 자신의 상담서비스가 이러한 긍휼에 근거한 것인지를 살필 필요가 있다.

이 긍휼은 레스트(1994)가 강조한 도덕적 동기와 관련이 깊다. 외적인 기준에 의해 상담을 하기보다 사람에 대한 관심과 다른 사람을 돕고자 하는 마음이 우선되어야 한다는 점에서, 상담자에게 긍휼의 마음이 있는지가 중요하기 때문이다. 즉, 이러한 동기를 가진 사람은 윤리적으로 행동할 가능성을 높여주기 때문에 중요하다.

이 덕목은 앞서 언급한 긍휼(compassion: Beauchamp와 Childress, 2001) 또는 자비(benevolence: Meara et al., 1996)와 관련된다. 키치너와 앤더슨(2011)은 긍휼 또는 돌봄은 사람을 긍휼히 여기고 돌보는 마음으로부터 우러나오는 마음이라고 정의하였으며, 사람을 돌보는 어떠한 직업영역에나 필요한 덕목이라고 강조하였다. 그러므로 남을 돕는 사람들, 특히 상담의 근본적인 동기는 다른 사람을 긍휼히 여기는 마음에서 시작되어야 한다.

이는 상담자에게 긍휼한 마음이 있을 때 내담자의 유익을 위하고 해를 입히지 않으려 노력한다는 점에서 윤리 원칙과도 상관이 깊다. 그러할 때, 윤리적인 문제를 해결하는 과정에서도 내담자의 유익을 고려할 수 있다. 코리(Corey)와 그의 동료들은 왜 상담자가 되고자 하는지를 스스로에게 물어보라고 제안하면서, 상담자 자신의 필요와 영향력에 대해 인식할 것을 강조하고 있다(Corey, et al., 2011).

그는 계속해서 어떠한 경우에도 내담자를 상담자의 개인적 필요(명예, 인정, 존경, 성취감 등)를 위해서 이용하려고 해서는 안 된다고 강조한다. 즉, 윤리적 문제 해결 과정에서 내담자의 유익을 구하는 의사결정을 할 수 있는 것은 이러한 긍휼에 근거할 때 더욱 잘 실현이 된다.

3) 존중

상담자는 존중의 덕목을 갖추어야 한다. 존중은 다른 사람에 대한 배려, 진정한 관심, 이타적인 사랑으로 나타난다. 어떤 조건에 근거한 존중이 아니라 무조건적인 존중이며 일방적인 사랑과 같다. 로저스가 상담자의 자질로서 강조한 무조건적 긍정적 존중이 이와 유사한 개념이며, 이는 상담의 기술이라기보다는 상담자의 자질이고 덕목이다. 이러한 무조건적인 존중은 성경에도 잘 드러나 있다. 율법의 요구들을 만족시킬 수 없는 인간의 한계를 있는 그대로 수용하고 존중해 주는 기독교의 사랑과 일맥상통하는 덕목이다.

다른 사람을 존중하는 자세는 다양한 문제와 배경을 가진 사람들을 상담하는 상담자에게는 더욱 필요한 덕목이다. 이는 상담자가 문화, 인종, 성별, 종교, 나이, 장애, 사회경제적 지위 등에 따라 내담자를 차별하지 않는 것을 포함한다. 그러므로 상담자는 내담자를 대할 때 그들의 배경이나 조건에 상관없이 존중하는 태도를 가져야 한다. 상담이 더 이상 가치중립적이지 않다는 사실은 공공연히 받아들여지고 있다. 상담자가 절대적으로 객관적일 수 없기 때문에 가치중립을 지키려고 노력함과 동시에 오히려 상담자가 자신의 가치관을 인식하고 그것이 내담자에게 미칠 영향을 자각하는 것이 윤리적 상담자의 모습이다.

예를 들어, 기독교/목회 상담자가 기독교인이 아닌 내담자를 상담할 때 존중의 자세를 가질 필요가 있다. 자칫하면 기독교의 가치를 강조하다가 내담자의 가치관이나 종교를 존중해 주지 못할 수도 있다. 이는 성경적인 접근과도 상반되는 자세이다. 하나님이 믿지 않는 사람들에게도 동일한 은혜를 베풀듯이, 기독교/목회 상담자는 종교가 내담자를 존중하는 데 방해가 되지 않도록 노력해야 한다. 종교뿐만 아니라, 인종이나 문화에 있어서도 마찬가지로 존중의 자세가 요구된다. 개인주의 문화의 상담자가 집단주의 문화에서 성장한 내담자를 충분히 이해하지 못하거나 내담자의 호소 문제를 병리적인 것으로 볼 수 있기 때문에, 상담자는 자신의 문화에 대한 자각과 상담에 미치는 영향에 대해 겸손해야 하며 내담자의 문화를 존중하는 자세가 필요하다.

존중이라는 덕목은 윤리 원리 중에서 인간의 위엄 존중과 자율성이라는 윤리 원칙과 관련된다. 상담에서 존중은 구체적으로 유능하게 다른 사람을 대해야 하며, 내담자의 권리를 존중하여 비밀 보장을 지키고, 내담자의 의사결정을 존중해 주고, 내담자의 복지를 위해 최선을 다하는 행위로 나타난다. 이처럼 존중은 내담자를 겸손하게 대하는 태도에만 그치지 않고, 상담자의 모든 활동을 특징짓는다는 면에서 중요한 도덕 덕목임에 틀림없다.

상담자로서 내담자와 전문적인 관계의 경계를 잘 지키는 것도 내담자를 존중할 때 가능하다. 상담자가 내담자와 지나치게 친밀한 관계를 맺는 것이나 내담자를 위해 아무 때나 만나서 상담을 하는 것은 내담자를 존중하는 것이 아니다. 상담자는 자신이 건강한 경계를 유지하는 것을 보여 줌으로써 내담자에게 모델이 될 수 있다. 그렇게 함으로써 내담자는 상담자를 지나치게 의존하지 않게 되고, 대인관계에서 적절하게 경계를 세우는 것을 배우게 된다.

4) 정직

윤리적인 상담자는 진실하고 정직해야 한다. 상담자는 거짓이 없고 안과 밖이 일치하는 진실함이 있어야 한다.

그렇다면, 상담자가 진실하고 거짓이 없다는 것은 구체적으로 어떤 모습을 말하는가?

진실한 상담자는 자신이 가지고 있는 능력 이상을 주장하지 않으며, 사회관계에서 자신의 자격(학위, 경험, 자격증 등)에 대해 과장하지 않는다. 이는 상담자가 자신의 교육과 훈련받은 영역에 대해서 그 활동의 범위를 정직하게 규정하는 유능성과 관련된다.

이러한 정직함이 적용되는 또 다른 예는, 보험회사에 상담비용을 청구할 때도 있는 그대로 정직하게 청구해야 한다. 상담뿐 아니라 연구를 할 때나 가르칠 때에도 정직하고 진실해야 한다.

예를 들어, 자료를 조작하지 않고 연구결과를 사실 그대로 보고하고 출판하는 것은 연구자의 진실성과 정직성이 있을 때 가능하다. 상담자의 이러한 특성은 내담자나 다른 사람들과의 관계에 매우 중요한 영향을 미친다. 상담자가 진실하고 정직하게 행할 때 비로소 내담자나 사회로부터 신뢰를 얻게 된다. 즉, 상담자의 신뢰성은 그의 정직함과 진실함의 결과로 주어진다고 볼 수 있다. 이는 윤리 원칙의 신뢰성(fidelity)과 여러 이론가들이 강조한 신뢰성(trustworthiness)을 얻는 길이라 할 수 있다(Kitchener & Anderson, 2011).

여기서 말하는 정직은 단순히 거짓말을 하지 않는 차원의 정직함(honesty)만을 의미하기보다, 그 보다 더 넓은 의미인 정직성(integrity)을 가리킨다. 정직성은 청렴하고 강직한 성품으로, 옳은 일에 최선을 다하며 남이 알아주지 않는 상황이나 역경에도 불구하고 일관되게 도덕성을 유지하는 것이다(Kitchener & Anderson, 2011).

필자의 이전 논문에서는 이 단어를 고결성으로 번역한 적이 있으나(김화자, 2014), 고결성이 주는 의미가 추상적으로 보여 이 책에서는 보다 구체적으로 정직성이라고 번역하였다. 정직성은 상담 윤리의 원칙 중 하나로서 그 만큼 중요한 상담자의 덕목이다. 왜냐하면, 상담자가 연구와 교육, 평가, 훈련 및 상담을 하는 데 있어서 정직하게 수행하는 것은 무엇보다 중요하기 때문이다.

기독교/목회 상담자에게 있어서 정직함은 매우 중요하며, 그들이 진실하고 정직해야 하는 가장 확실한 근거는 그들이 모델로 삼아야 하는 예수님이 그러하시기 때문이다. 성경은 예수님이 거짓이 없고 진실하신 분임을 계속해서 언급하고 있다(사 53:9; 요 7:18; 히 2:17; 벧전 2:22).

5) 책임감

윤리적인 상담자는 책임감이 있어야 한다. 대부분의 윤리 규정들은 전문가로서 태도와 품위를 유지하도록 요구하고 있는데, 이는 전문가로서 자신의 역할과 지위에 대한 책임감을 갖는 것과 관련된다. 책임감은 영어로 Accountability와 Responsibility 두 단어가 있는데, 한국어로 번역하면 책임감이라는 같은 단어로 번역된다.

그러나 Accountability는 자발적인 책임 즉, 자신이 어떤 일의 이유와 결과까지 주인의식을 가지고 스스로 책임감을 갖는 것이라면, Responsibility는 (외부에 의해) 주어진 임무에 대해 책임을 다하는 것이다. 상담자는 자발적인 책임감과 자신의 역할과 업무를 충실하게 감당하는 책임 모두 갖추어야 한다.

왜냐하면, 전문가 자격증을 획득한 이후에는 대부분의 결정이 본인에게 달려있기 때문에 스스로 책임감을 가지는 모습이 있어야 한다. 이는 내담자를 위한 책임, 자신의 계속적인 성장을 위해 노력할 책임, 공인으로서 사회에 모범을 보이는 책임, 윤리적 의사결정에 대한 책임 등을 포함한다.

예를 들어, 내담자를 위한 책임은 상담이 내담자에게 유익이 되도록 할 책임을 가지고 상담의 효과에 대해 계속적으로 평가하는 행위로 나타날 수 있다. 또 다른 예로, 상담자가 전문적인 유언을 준비해 두는 것은 상담자의 부재에도 내담자의 치료 내용이 보관되도록 하는 등 심지어 상담자의 부재에도 내담자의 유익을 위해 책임을 지는 것과 관련이 있다.

6) 공의로움

상담자가 공의로움을 추구하는 것은 공정성의 윤리 원칙과 관련되지만 그것을 넘어서는 자세이자 덕목이다. 윤리 원칙에서 강조하는 공정성은 상담자가 치우치지 않고 내담자의 배경에 관계없이 차별하지 않으며, 자료를 객관적으로 평가하며 과학적인 접근 방식을 추구하는 등으로 나타난다. 공의로운 성품을 가진 상담자는 이러한 공정성을 쉽게 추구할 수 있을 것이다.

상담자가 공의로움을 추구하는 것은 개인적인 삶에서 뿐만 아니라 사회와 공동체를 위한 공의의 추구로 이어져야 한다. 즉, 개인적으로 자신의 사욕을 쫓지 않으려고 자신을 계속해서 돌아보고 점검하는 노력이 필요함과 동시에 사회적으로 억압당하고 억울한 사람들에 대한 관심과 행동이 따라와야 한다.

예를 들어, 학대당하는 내담자를 보호하고 돌보는 일이 상담자의 긍휼과 연관된다면, 지역사회에서 학대나 인권에 대해 토론하고 홍보하고 교육하는 일에 동참하는 것은 공의로움을 추구하는 노력에서 나올 수 있다. 특히 이러한 공의로움을 추구하는 덕목은 윤리적 문제를 잘 인식할 수 있는 민감성과 관련이 되고, 비윤리적 문제를 직면하고 해결하고자 하는 노력으로 이어질 가능성이 높다.

7) 겸손

겸손은 상담자가 지녀야 할 매우 중요한 윤리 덕목이다. 겸손은 상담자가 어떠한 모습으로 상담에 임해야 하는지에 대해 통찰을 준다. 도움을 제공하는 상담자는 도움을 받는 내담자보다 힘의 균형에 있어서 우위에 있다. 상담자가 상담관계에서 힘의 불균형을 자각하고 그 힘과 지위를 이용하여 내담자에게 해를 입히지 않도록 주의해야 한다.

실제로 내담자들은 상담자보다 덜 교육을 받았거나 사회경제적으로 낮은 위치에 있는 경우가 흔하다. 상담자가 내담자의 지위와 배경에 대해 겸손한 자세로 대하지 않을 때 내담자들은 오히려 상처를 받을 수도 있다. 또는 상담자가 내담자의 문화적 배경을 이해하지 못할 때 내담자의 문화에 대해 그들로부터 기꺼이 배우고자 노력해야 하고, 그러기 위해서는 상담자의 겸손이 요구된다.

겸손은 상담자로 하여금 자신의 한계를 아는 것에서부터 시작하여, 자신이 틀릴 수도 있다는 생각을 할 수 있어야 하며, 자신도 비윤리적인 행위에 빠질 수도 있음을 알고 경각심을 가지도록 한다. 비윤리적 행위의 많은 경우가 상담자가 자신의 능력의 한계를 벗어나거나, 객관성을 잃어버리거나, 자신의 욕구를 절제하지 못하는 데서 비롯되는 경우와 연관된다. 그러므로 상담자의 겸손은 상담자가 자신의 한계를 알고 그 경계를 지키도록 하고, 자신의 욕구를 절제하도록 함으로써 윤리적인 상담자가 되도록 한다.

또한 상담자의 개인적인 문제나 갈등에 대한 인식과 이를 위해 상담이나 치료의 과정을 거치는 것 또한 상담자의 겸손함과 관련된다. 상담자가 자신의 문제를 인식하지 못하거나 부인한다면, 내담자의 문제를 효과적으로 돕기 어렵다. 특히, 내담자의 문제가 자신이 부인하고 있는 문제와 동일하거나 유사할 경우에는 더욱 그렇다(Corey, et al., 2011). 상담자가 더 유능하고 효과적인 상담자가 되기 위해 교육분석을 받고자 하는 것도 상담자가 겸손할 때 가능한 일이다.

이와 더불어 개인의 전문적 역량을 유지하기 위해서 계속교육을 받는 것도 이와 관련된다. 이와 더불어 기독교/목회 상담자들에게는 개인의 영적 성장을 위해서 영성훈련(기도, 수련회, 금식, 묵상, 독서 등)을 지속적으로 유지할 필요가 있다.

제2부
윤리 규정

제5장 상담자의 유능성
제6장 상담관계
제7장 비밀 보장
제8장 상담 및 심리치료
제9장 심리검사와 평가
제10장 교육과 수련
제11장 연구와 출판

표 5. 미국과 한국의 대표적 심리학회와 상담학회들의 윤리규정 비교

미국심리학회 (APA)	미국상담학회 (ACA)	미국기독교심리학회 (CAPS)	미국기독교 상담자협회 (AACC)
윤리 문제 해결 유능성 인간관계 비밀 보장 광고와 홍보 기록 교육과 수련 연구와 출판 평가 치료	상담관계 비밀 보장과 사생활 보호 전문적 책임 다른 전문가들과의 관계 평가/사정/해석 수퍼비전/훈련/교육 연구와 출판 원격상담/기술/미디어 윤리 문제 해결	기독교인의 헌신 유능성 비밀 보장 상담/심리치료 평가와 검사 교육과 수련 출판과 연구 광고와 홍보 윤리 문제 해결	세계관: 신앙과 가치의 실천 긍휼: 섬김의 소명 유능성: 탁월성의 소명 동의: 고결성의 소명 비밀 보장: 신실성의 소명 문화적 배려: 존엄성의 소명 사례관리: 건전함의 소명 동료관계: 관계의 소명 공동체: 겸손의 소명

한국심리학회(KPA), 한국임상심리학회 (KCPA)	한국상담심리학회(KCPA), 한국기독교상담심리치료학회 (KACCP)	한국상담학회 (KCA)	한국복음주의상담협회 (KECS)
윤리 규정의 시행 지침 일반적 윤리 연구 관련 윤리 교육 및 수련 관련 윤리 평가 관련 윤리 치료 관련 윤리	전문가로서의 태도 사회적 책임 인간권리와 존엄성 존중 상담관계 정보의 보호 상담연구 심리검사 윤리 문제 해결	전문적 태도 정보의 보호 내담자의 복지 상담관계 사회적 책임 상담연구 심리검사 윤리 문제 해결	기독교상담가의 전문적 자세 권리와 존중 상담관계 책임과 비용 정보의 보호 심리검사 수행 및 해석 상담기관 설립 및 운영 자문 및 윤리 문제 해결

제2부
윤리 규정

　상담이나 임상은 전문 분야이므로 이러한 전문가를 양성하는 대학원과 자격증을 수여하는 학회가 전문 상담자의 역할과 책임, 권한 등에 대한 기준들을 마땅히 제공해 주어야 한다. 이러한 윤리 규정은 상담 및 임상 전문가가 되기 위해 훈련을 받는 사람에게 무엇보다 필요하다. 뿐만 아니라, 인간의 한계와 상담 현장에서 일어나는 문제들의 다양성을 고려할 때, 자격증을 받은 전문가라 하더라도 윤리적인 문제들을 다루는 데 있어서 참고해야 할 지침이 필요하다.

　미국심리학회의 경우, 1953년에 처음으로 심리학자를 위한 윤리 규정을 제정 한 이후 2002년까지 무려 아홉 번에 걸쳐 개정이 이루어졌다. 현재는 2002년에 개정하고 2010년에 조금 더 수정한 것을 사용해 오고 있다. 미국상담학회는 1996년에 처음으로 상담자를 위한 윤리 규정을 제정하였고, 가장 최근에 사용하고 있는 규정이 2014년에 개정된 것이다. 기독교상담학회들 중에서는 미국기독교심리학회가 1980년대 초에 윤리 규정을 만들기 시작하였고 현재 사용하고 있는 것은 2005년에 개정한 것이다.

미국기독교상담자협회는 1988년에 처음으로 윤리 규정을 제정하였고 2014년에 개정한 것이 가장 최근이다. 미국목회상담자협회(American Association of Pastoral Counselors: AAPC)는 1991년에 윤리 규정을 처음으로 제시하였고, 현재 사용되고 있는 것은 2012년에 개정된 것이다.

심리학이나 상담은 미국이나 유럽에서 먼저 발달하였다. 이렇듯 북미, 유럽을 중심으로 발전한 심리학이나 상담이 한국으로 보급되면서, 한국학회들이 사용하고 있는 윤리 규정들도 북미, 유럽 특히, 미국의 것을 그대로 가져오거나 이를 조금 수정 또는 축약한 것들이다.

한국심리학회는 미국과 독일심리학회의 윤리 기준을 바탕으로 2003년에 처음 제정하고 가장 최근의 것은 2016년에 수정되었고, 산하 학회인 임상심리학회는 자체로 별도의 윤리 규정을 제정하지 않고 본 학회의 윤리 규정을 그대로 사용하고 있다. 한국상담심리학회는 심리학회의 산하 학회임에도 불구하고 같은 해에 그보다 몇 개월 앞서 처음으로 윤리 규정을 제정하였다. 이 또한 미국심리학회와 미국상담학회의 윤리 기준을 참고하여 제정하였다.

한국은 이렇듯 상담 역사가 45년이 지난 후에야 윤리 규정이 만들어졌다(금명자, 2010). 반면, 한국상담학회는 비교적 늦게 출발하여 2000년에 창립하였으나, 윤리 강령은 가장 먼저 2002년에 제정하였다. 한국상담학회의 특징은 전문 상담사 자격증 취득 과정에 상담 윤리 과목을 필수로 제정하였고, 자격 갱신 요건에도 윤리 교육을 요구한다는 점에서 다른 학회들보다 더 직접적으로 상담 윤리를 강조하는 편이라고 할 수 있다(황임란, 2013).

한국상담심리학회의 윤리 규정과 한국상담학회의 윤리 규정은 거의 유사하며, 문장이 같은 세부 규정들이 많이 있다. 이는 한국상담학회의 윤리 규정이 한 해 먼저 제정된 것으로 보아, 한국상담심리학회에서 이를 바탕으로 내용을 좀 더 보완하고 첨가한 것으로 보인다.

기독교 학회로시는 한국기독교상담심리치료학회가 1999년에 창립된 후 2010년에야 비로소 처음으로 윤리 규정을 공표하였는데, 이 학회의 윤리 규정은 한국상담심리학회의 것을 수정하지 않고 그대로 가져와 사용하고 있다. 한국목회상담협회도 미국목회상담자협회의 윤리 규정을 참고하여 제정하였고, 현재 사용하고 있는 것은 2012년에 개정된 것이다. 반면, 한국복음주의상담학회는 2014년에 자체적으로 윤리 규정을 제정하였고, 자격증 시험에도 윤리 과목을 포함하고 있다.

미국심리학회의 윤리 규정들은 일차적으로 심리학자들에게 적용되는 것이므로 일반 상담자들을 포함하기에는 한계가 있다. 그러나 미국 내 주정부들의 법 규정과 대부분 일치하기 때문에 권위가 있고, 기독교적 관점에 어긋나지 않으며, 윤리 규정의 내용이 상세하고 구체적이라는 점에서 상담이나 임상 전문가들에게 필요한 지침이 된다.

반면, 미국상담학회의 윤리 규정은 그 대상이 상담자라고 명시함으로써 특정 수준의 전문가(예, 심리학자)에게 한정되지 않기 때문에, 심리학자가 아닌 모든 상담자에게도 적용가능하다는 점에서 더 폭넓게 사용될 수 있는 유익이 있다. 학회나 협회 차원에서 제정한 윤리 규정은 주정부 규정처럼 강제력을 직접적으로 행사하기보다는 주정부와 상호협력하는 입장을 취한다. 즉, 소속 학회나 협회 회원의 윤리 위반을 알게 될 경우 회원 자격을 박탈하고, 그가 속한 주정부 자격증 수여 기관에 그 권한을 맡겨서 법적 처벌을 받도록 하고 있다.

미국기독교심리학회는 윤리 규정에 앞서 성경적 원리들을 표명하고 전문적인 서비스뿐 아니라 목회적 사역이나 서비스에도 윤리 규정들이 적용되어야 함을 강조함으로써, 윤리 규정이 적용되는 대상의 폭을 넓혔다. 반면, 미국심리학회나 미국상담학회와 같이 세부적인 윤리 규정을 제시하지는 않는다. 왜냐하면, 미국기독교심리학회는 윤리 규정들을 소망적(aspirational) 차원으로 제시하고 있기 때문이다. 즉, 회원들의 비윤리적 문제를 직접 조사하거나 이에 대해 강제력을 행사하지는 않는다. 다시 말하면, 미국기독교심리학회의 소속 회원이 일반 전문가 학회나 주정부로부터 비윤리적인 문제로 인해 면허를 취소당할 경우 미국기독교심리학회의 회원 자격을 박탈하는 정도이다(CAPS, 2005).

반면, 미국기독교상담자협회는 미국기독교심리학회보다 윤리 규정들이 더 구체적이고 분량도 많다(AACC, 2014). 미국기독교상담자협회도 미국기독교심리학회처럼 면허를 받은 전문 상담자뿐 아니라, 목회자와 평신도 상담자들을 위해 윤리 규정을 제공하고 있다. 그러나 미국기독교심리학회와 다른 점은 별도의 윤리 규정을 매우 구체적으로 제안하고 있다는 점이다. 여하튼 미국기독교상담자협회는 윤리 규정이 적용되는 대상의 폭을 상담자와 내담자, 교회로 확장하였다는 점에서 의의가 있다.

미국목회상담자협회(AAPC)의 윤리 규정도 소속 회원들의 윤리 위반을 나름대로 조사하고 시행하기는 하지만, 법적인 책임에 관해서는 주정부의 법률을 적용한다고 밝힌다. 또한 목회상담자협회의 윤리 규정이 법률과 다를 때에는 둘 중에서 어느 것이든 더 엄격하게 요구하는 규정을 적용할 것임을 명시하고 있다(AAPC, 2012).

표 5에서 보듯이, 현재 미국이나 한국의 여러 학회에서 제정하여 사용하고 있는 전문가 윤리 규정은 대략 10가지 내외의 영역으로 이루어진다. 이 윤리 규정들은 순서가 조금씩 다를 뿐 내용에서 크게 다르지

않다. 이러한 윤리 규정들은 상담 현장에서 발생하는 문제들을 효과적으로 해결하기 위해 만들어졌다.

상담 현장에서는 다양한 윤리 문제들이 일어난다. 가장 빈번하게 발생하는 비윤리적 문제들은 성 관련 행동, 이중관계, 비밀 보장, 유능성이나 전문성 등과 관련된 것들이다(APA, 2012). 한국에서는 가치관, 비밀 보장, 성적 관계, 사적 관계, 상담료, 상담자의 자격 문제 등이 가장 빈번하게 발생하는 윤리 문제로 보고된 바 있다(최해림, 2002). 이처럼 점차 빈번해지는 윤리 문제들에 상담자가 적극적으로 대처하고 준비하기 위해서는 윤리에 대한 교육과 훈련이 필요하다.

제5장

상담자의 유능성

표 6. 유능성에 대한 미국과 한국학회들의 윤리 규정 비교

미국심리학회(APA)	미국상담학회(ACA)
2. 유능성 2.01 유능성의 범위 2.02 응급상황에 서비스를 제공할 경우 2.03 유능성 유지 2.04 과학적 전문적 판단의 기초 2.05 다른 사람에게 업무를 맡길 경우 2.06 개인적 문제와 갈등	C. 전문적 책임 C.1 규정에 대한 지식과 준수 C.2 전문적 유능성 C.3 홍보와 내담자 구인 C.4 전문적 자격 C.5 차별금지 C.6 공적 책임 C.7 치료모델 C.8 다른 전문가에 대한 책임 D. 다른 전문가들과의 관계 D.2 자문서비스의 제공 E. 평가, 검사, 해석 E.4 평가 도구의 사용과 해석에의 유능성 F. 수퍼비전, 수련, 교육 F.2 상담자 수퍼비전 유능성 F.7 상담자 교육자로서의 책임
미국기독교상담자협회(AACC)	
ES1-200 기독교 상담자의 유능성: 　　　　탁월성 소명 210 유능한 기독교 상담에 대한 소명 220 전문성 위한 연구와 유지의 임무 230 일, 보고, 관계에서 고결성 유지 240 자문과 의뢰의 임무 250 자문 260 개인적 문제로부터의 보호 ES1-500 기독교 상담에서 문화존중:존중 소명 520 문화적 유능성	

한국상담심리학회(KCPA) 한국기독교상담심리치료학회(KACCP)	미국기독교심리학회(CAPS)
1. 전문가로서의 태도 　가. 전문적 능력 　나. 성실성 　다. 상담심리사 교육과 연수 　라. 자격증명서	2. 유능성 2.1 유능성의 한계 2.2 계속적 교육 2.3 개인적 어려움
한국복음주의상담학회(KECS)	미국목회상담자협회(AAPC) 한국목회상담협회(KAPC)
1. 전문가로서의 자격 2. 태도와 품위 유지 3. 교육 및 수련 4. 자격증	2. 전문가로서의 목회/기독상담사의 윤리
	한국심리학회(KPA) 한국임상심리학회(KCPA)
	제10조 전문성

상담자의 유능성은 보다 보편적인 상담 윤리의 원리들과 밀접하게 관련된다. 즉, 유능성은 상담자가 내담자에게 유익을 끼치고 해를 입히지 않으며(강진령 외, 2009; Kitchener, 2011), 신뢰성과 정직성을 유지하는 것과 관련된다.

상담자의 유능성은 내담자로 하여금 상담자를 믿고 신뢰하도록 하여 계속해서 치료에 참여하도록 한다. 그런데, 미국에서는 유능성과 관련하여 법적 소송을 당할 수 있는 경우가 있다. 즉, 직무 태만의 경우로서 상담자가 적합한 치료를 제공하지 못해서 내담자에게 직접적인 피해를 주는 경우이다(Collins, 1996).

이는 곧 상담자는 내담자를 적절하게 치료할 의무가 있으며, 이를 수행하지 못하여 내담자가 피해를 입은 경우에는 상담자가 법적인 책임을 져야 한다는 의미이다. 이처럼 상담자의 유능성은 법적인 책임으로 이어질 수 있는 중요한 사안이다. 사실 상담자는 법적 책임 여부를 넘어 최선을 다해 내담자를 돌봐야 한다.

그럼에도 불구하고 이러한 법적 조치를 해 두는 것은 상담자가 최소한의 유능성을 지키도록 하기 위함이다. 사실 상담자는 법으로 판단 받기 이전에 자신의 자격과 능력을 살피는 것이 마땅하다.

키치너와 앤더슨(2011)은 유능성의 두 측면을 언급하고 있다. 즉, 심리학자나 상담자들이 자신의 지식과 기술, 능력을 내담자들의 유익을 위해 사용하고자 하는 선한 의도가 우선시 되어야 하며, 나아가 자신의 한계를 알고 인정할 수 있는 분별력을 지녀야 한다고 주장하였다.

내담자의 유익을 위해 능력을 갖추고 그 능력을 유지할 것과 유능한 상담자의 태도로서 자신에 대한 정확한 평가의 중요성을 지적하고 있다. 표 6은 미국과 한국의 여러 학회들이 상담자의 유능성이나 전문성에 대해 어떠한 윤리 규정을 가지고 있는지를 보여 준다. 표 6에서 보듯이, 미국의 경우 한국학회들보다 상담자나 심리학자의 유능성에 대해 훨씬 더 상세히 다루고 있음을 알 수 있다.

1. 상담자로서의 소명의식

상담자로서의 소명의식에 대해 미국기독교상담자협회와 미국기독교심리학협회, 한국복음주의상담학회 모두 윤리 규정에서 언급하고 있다. 미국기독교상담자협회는 기독교 상담자의 유능성을 탁월성에의 부르심(a call to excellence)이라고 하였고(AACC, 2014), 미국기독교심리학협회는 유능성에 앞서 기독교인으로서의 개인적인 헌신에 대해 언급하면서 하나님의 부르심으로서 상담에 임할 것을 요구하고 있다(CAPS, 2005). 한국복음주의상담학회에서도 전문가의 자격에 소명과 헌신을 강조하고 있다(KECS, 2014).

미국기독교상담자협회(AACC)

210 유능한 기독교 상담에 대한 소명
기독교 상담자는 개인적으로나 대인관계에서나 정직하게 그리고 유능성의 한계를 알고 지킴으로써 높은 수준의 유능성을 유지해야 한다.

미국기독교심리학회(CAPS)

1.3
하나님께 나의 서비스를 헌신하는 데 있어서 전문가이든 평신도이든 특별한 소명으로서 받아들인다.

한국복음주의상담학회(KECS)

1. 전문가로서의 자격
 1) 복음주의 신앙을 고수하며 하나님께 소명을 받은 헌신된 기독교 상담 전문가이다.
 2) 이웃을 사랑하고 긍휼히 여기며 책임감 있고 유능하게 기독교 상담 업무를 성실히 수행한다.

기독교 상담자에게 상담에 대한 소명의식은 매우 중요한 요소이다. 왜냐하면 소명은 상담자가 상담을 유능하게 수행해야 하는 신앙적 실존적 근거를 제공하기 때문이다. 모든 직업이 그렇듯이 기독교인들에

게 직업은 하나님의 부르심으로 이해된다.

  하나님이 부르신 일에 어떻게 반응해야 하는지를 생각해 보면, 상담자가 왜 높은 수준의 유능성을 갖추고 유지해야 하는지 쉽게 이해할 수 있다. 상담자가 상담을 비롯한 모든 일, 즉 가르치고 연구하는 일 등이 하나님의 부르심이라고 믿는다면, 그 일에 적극적으로 헌신하게 되고 기독교적인 가치관으로 이해하고 통합하고자 노력할 것이며, 정직과 최선을 다하지 않을 수 없을 것이다.

  기독교 상담자의 유능성에 대해 콜린스(1996)는 가능한 한 최고의 훈련, 가장 높은 수준의 윤리, 전문가적 자질, 신앙 동료들에 대한 책임감, 직업에서 그리스도의 대리자라는 의식을 강조하고 있다. 그는 자격증이 있으나 유능하지 않은 전문 상담자보다 사람들에게 민감하고 최선의 도움을 주는 헌신된 비전문가들이 오히려 더 효과적인 상담을 할 수도 있다고 하였으나, 이는 기독교 상담자가 마치 자격증이 없이도 유능한 상담자가 될 수 있다고 해석하지는 말아야 한다. 이는 자격증 자체보다는 내담자들에 대한 상담자의 자세와 유능성이 얼마나 중요한지를 강조하는 것이다.

  미국기독교상담자협회에서는 유능성을 탁월성에 대한 소명이라고 표현했듯이(AACC, 2014), 오히려 기독교 상담자는 유능성을 유지해야 하는 이유가 다른 상담자들의 직업의식보다 더 실존적인 의미를 내포하고 있음을 의미한다. 즉, 기독교 상담자는 학회의 윤리 규정보다 더 높은 소명을 받은 청지기이기에, 자신의 유능성을 유지하는 데 최선을 다해야 한다.

  예수님은 그의 일상적 삶과 사역에 걸친 모든 면에서 정직하고, 다른 사람을 긍휼로 대하시고, 성숙하고, 헌신 되어 있는 모습을 보여 주셨다(Collins, 2008). 이러한 예수 그리스도의 삶과 인격을 통해 상담자는 유능한 상담자의 모습을 배울 수 있다.

2. 유능성의 범위와 한계

여러 학회가 윤리 규정의 앞부분에 상담자의 유능성이나 전문성에 대해서 명시하고 있는 것은 상담이 전문 직업 분야임을 생각할 때 놀라운 일이 아니다. 왜냐하면, 전문 직업이기 때문에 그렇지 않은 사람들로부터 서비스의 수혜자를 보호할 책임이 있기 때문이다. 대표적으로 미국심리학회와 미국상담학회를 비롯한 학회들의 윤리 규정은 심리학자나 상담자의 유능성에 대해 그들이 활동할 수 있는 범위를 분명하게 규정하였다(APA, 2010; ACA, 2014).

상담자가 상담자로서 능력과 자질을 갖추고, 활동의 범위를 제한하는 내용을 근간으로 하는 유능성은 내담자를 보호하고 내담자의 유익을 위하는 윤리 원칙과 관련된다. 이는 또한 정직성 및 진실성의 윤리 원칙뿐 아니라 덕 윤리에 기초하기도 한다. 즉, 상담자의 유능성은 상담에 관한 전반적인 지식과 기술 및 능력을 갖추어야 할 뿐 아니라, 자신의 한계를 인식하는 것도 포함한다는 점이 매우 중요하다.

미국심리학회(APA)
2.01 유능성의 범위 심리학자들은 자신이 받은 교육과 훈련, 수련 받은 경험, 자문, 연구, 전문적 경험 등에 의해 유능성을 갖춘 범위 내에서만 서비스, 교육, 연구를 수행한다.
미국상담학회(ACA)
C.2.a. 유능성의 경계 상담자들은 자신이 받은 교육과 훈련, 수련 받은 경험, 주정부와 국가 전문 자격, 적절한 전문적 경험에 의해 유능성을 갖춘 범위 내에만 상담을 한다. 상담자들은 다양한 내담자들에 관한 지식과 자기 인식, 민감성, 기술을 갖춘다.
한국상담심리학회(KCPA)
가. 전문적 능력(1) 상담심리사는 자기 자신의 교육과 수련, 경험 등에 의해 준비된 범위 안에서 전문적인 서비스와 교육을 제공한다. 상담심리사는 자신의 능력의 한계를 인정하고 교육이나 훈련, 경험을 통해 자격이 주어진 상담 활동만을 한다.

이처럼 상담자의 유능성에는 능력을 갖추되 자신의 한계를 겸손하고 정직하게 인정하는 것이 기초가 되어야 한다. 즉, 상담자가 자신의 능력을 과장하지 않고, 자신이 받은 교육과 훈련 및 경험에 따른 적합한 서비스를 제공하는 것은 정직함이 있어야 가능한 일이다. 이러한 정직함은 윤리 원칙과 덕 윤리 모두에서 이미 언급된 부분이다. 자신의 능력을 인정하고 한계를 지킬 수 있는 상담자는 정직하고, 진실하며, 공의로움을 추구하는 사람이다.

그렇다면, 상담자 자신이 지켜야 하는 유능성의 범위는 어떻게 판단할 수 있는가?

상담자들은 학위와 자격증에 있어서 수준이 다르며, 그들이 전문적 서비스를 제공할 수 있는 능력이나 영역도 다르다. 미국의 경우를 예로 들면, 심리학자들이 유능하게 서비스를 제공할 수 있어야 하는 영역에 대해 유능성을 위한 컨퍼런스에서 15가지를 제안하였다(Rodolfa, et al., 2014). 컨퍼런스에서는 심리학자의 유능성의 영역을 크게 기초적 유능성과 기능적 유능성으로 나누었다.

기초적인 유능성 영역에는 전문성, 자기 평가, 과학적 지식과 방법, 대인관계, 개인 및 문화적 다양성에 대한 인식, 윤리적 법적 기준과 정책, 그리고 학문 간 체계이다. 즉, 어떤 역할과 활동을 하기 위한 기초가 되는 심리학자의 자세와 기본적인 자질에 관한 내용이라고 볼 수 있다.

반면, 심리학자의 기능적 유능성의 영역에는 평가, 치료, 자문, 연구, 수퍼비전, 교육, 행정, 변호(advocacy) 등이다. 이러한 영역은 심리학자가 주로 활동하는 영역으로 각 영역들에 대한 유능성을 갖추도록 요구하고 있다. 이러한 역할들 중에서 잘 알려지지 않은 변호 역할의 예를 들자면, 학교에서 인종차별을 겪고 있는 아동 내담자를 변호하기 위해 부모의 동의를 얻어서 아이가 다니고 있는 학교 시스템에 그 문제를 제기하고, 그 아이가 더 이상 차별을 당하지 않도록 교사와 학교 관계자를 만나 자문과 교육을 제공하는 등의 적극적인 역할을 할 수도 있다.

반면, 주정부연합회에서는 면허를 받는 심리학자에게 필요한 유능성의 영역으로 과학적 지식, 증거기반(evidence-based) 의사결정과 비판적 사고력, 문화 및 대인관계 능력, 전문성과 윤리, 심리검사와 평가, 치료/수퍼비전/자문의 여섯 가지로 요약하였다. 주정부연합회에서는 면허를 받은 심리학자가 교육이나 연구를 하지 않을 수도 있으므로, 이 영역들은 제외시켰다(Rodolfa, et al., 2014). 이처럼 심리학자들에게 요구되는 능력은 다차원적이고 여러 영역에서 유능성을 갖추도록 요구하고 있다.

그렇다면 심리학자가 아닌 상담가들, 즉 석사 학위를 받은 상담전문가들에게는 어떤 기준들이 있어야 하는가?

석사 학위를 받은 상담가들의 상담서비스의 영역이 정해져 있는 것은 아니지만, 그들이 제공하는 서비스는 자신들이 교육받고 수련을 받은 영역에 한정해야 한다.

미국상담학회에서는 상담자의 자격증, 학위, 학위 프로그램의 인가 등 구체적인 내용을 포함해 상담자의 유능성을 정확히 표시할 것을 강조하고 있다(ACA, 2014). 예를 들어, 대학원 교과 과정과 수련기간 중에 심리검사와 해석에 대해서 교육이나 수련을 받지 않았다면, 심리검사와 해석을 하지 않아야 한다. 이처럼, 상담자들은 자신이 받은 교육 경험과 수퍼비전을 통해 훈련받은 경험을 기준으로 서비스의 범위와 한계를 정하고 지킬 필요가 있다.

우홍련 등(2015)의 연구는 한국 상담자들은 상담의 여러 영역 중에서 유능성, 집단 상담, 수퍼비전 영역에 있어서 상대적으로 더 많은 어려움과 갈등을 경험한다고 보고하였다. 특히 유능성과 관련한 내용은 상담 회기에 관한 기록을 하지 않은 것, 훈련받지 않았거나 자신 없는 영역의 문제를 상담하는 것, 역량 개발을 위한 연수나 교육을 등한시 하는 등의 윤리 문제를 한두 번 또는 가끔 경험했거나 위반했음을 보고하였다.

그러므로 상담자들이 대학원에서 받은 교육과 훈련은 상담의 기초적이고 일반적인 훈련이라고 보아야 한다. 상담자들이 전문 상담사 또는 심리학자 자격증을 취득했다 하더라도 특정 대상들에 대해서는 상담 경험이 전혀 없을 수도 있다. 예를 들어, 개인상담 경험만 있을 경우에는 가족을 유능하게 상담하기 위해서 별도의 훈련을 받아야 한다 (Corey, 2013). 그 외에도, 중독 상담, 섭식장애, 범죄자 상담 등과 같이 특정 대상이나 특정 치료기법을 수행하기 위해서는 졸업이나 자격증 취득 후 더 심화된 훈련과 경험을 쌓아야 가능함을 인정해야 한다.

3. 자격

한국에서 상담사의 자격을 학부를 졸업한 사람에게도 수여하는 경우가 종종 보이는데, 상담 활동의 전문성을 고려할 때 전문 상담자가 되기 위해서는 적어도 대학원 수준 이상의 교육을 받아야 하며, 다양한 상담의 접근 방법과 기술에 관해 실제적인 임상 훈련을 받아야 한다. 상담자의 유능성은 상담자로서 교육과 훈련을 받는 대학원 과정에서부터 시작한다고 보아야 한다. 미국의 경우에는 상담자들의 유능성에 기초가 되는 대학원 교과 과정이나 학위 프로그램의 인가를 매우 중요시하고 있다. 교육과 수련에 관한 구체적인 윤리는 10장에서 더 자세히 다룰 것이다.

유능한 상담자가 되는 훈련은 상담 기술의 훈련만으로는 부족하다. 유능한 상담자가 되기 위해서는 학문적 소양을 갖추는 것 외에 개인적인 성장과 성숙이 뒤따라야 함은 분명하다. 그러므로 상담을 공부하기 위해 대학원에 진학하는 학생들의 자질을 선별하고 그들이 어떻게 개인적으로 성장하도록 지도할 것인지가 중요하다. 코리(Corey, 2011)는 성격적 특성과 인격, 심리적 적합성을 상담 대학원에 입학하는 학생들을 선별하는 주요 기준으로 보았다. 엄격한 선별 과정을 통해 입학했다 하더라도 학생이 상담자로서의 자질에 문제가 있거나 대인관계 또는 개인적인 문제가 있는 경우에는 학교가 이에 대해 충분히 검토하고 학생을 관리할 책임이 있다.

유능성과 관련하여 대학원생이나 수련생들에게서 발견되는 가장 빈번한 문제는 임상적 기술 부족, 대인관계의 문제, 수퍼비전에서의 문제, 성격장애들이다(Kitchener & Anderson, 2011). 대학원생이나 수련생들이 임상 기술이 부족한 것은 어느 정도 이해할 만하고 임상 경험과 훈련을 통해 증진할 수 있는 영역이다. 하지만, 미국 상담관련 대학원의 경우 면접이나 성격검사를 입학요건에서 요구함에도 불구하고 대학원생들이나 수련생들의 대인관계나 성격장애들이 발견된다는 점은 상담자를 양성하는 교육기관의 책임이 막중함을 알 수 있다.

미국의 대학원의 경우, 훈련 과정에서 문제가 있는 학생들에게 상담을 받도록 권면하고, 진전이 있는지를 계속해서 평가하고, 부득이한 경우에는 학교를 그만두게 하기도 한다. 왜냐하면, 상담자로서 유능성이 부족하고 대인관계나 성격에 문제가 있는 사람을 졸업하게 내버려 둘 경우, 많은 사람들에게 부정적인 영향을 미치게 되기 때문이다.

유능한 상담자가 되기 위해서는 대학원 교육과 훈련, 그리고 자격증을 통해 전문 상담자로서 최소의 자격을 갖추어야 한다(강진령 외, 2009). 그러나 석사 또는 박사 학위와 자격증 그 자체는 유능성의 필수조건이지 충분조건이 아니다. 왜냐하면, 학위나 자격증은 상담을 수행할 자격이 있는 것을 인정받은 것이지, 상담을 유능하게 할 수 있다는 의미는 아니기 때문이다. 그러므로 윤리적 상담자라면 자신의 자격과 유능성의 향상을 위해 계속해서 배우고 훈련받고자 노력하는 자세가 필요하다.

4. 계속 교육

앞서 언급했듯이, 상담 현장에서 요구되는 활동은 대학원에서 교육과 훈련을 받은 것으로는 부족하다. 왜냐하면, 상담자를 찾아오는 사람들은 훨씬 다양하고 그들의 호소 문제도 각양각색이다. 그러므로 상담자가 이전에 훈련받지 못한 영역이나 대상을 상대로 일해야 할 경우, 비록 자격증을 받은 후에라도 수퍼비전이나 교육 또는 훈련을 받아야 한다. 상담자가 유능성을 유지하기 위해서는 반드시 지속적인 교육과 연수를 통해 최신의 전문 지식을 유지하는 노력이 필요하다(Butman, 2013).

예를 들어, 미국 캘리포니아 주에서는 심리학자들이 면허를 2년마다 갱신하는 데 필요한 최소 계속 교육 시간을 36시간으로 규정하고 있다. 이는 심리학자들로 하여금 최신의 치료 방법과 연구 등에 대해 인식하고, 자신의 지식과 기술을 계속해서 최신 정보로 보완함으로 내담자들에게 유익을 끼치도록 하기 위함이다.

뿐만 아니라, 상담의 영역이 나날이 발전해 감에 따라, 보다 많은 접근법이나 치료 방법들이 소개되고 있다. 각 분야에 새로운 연구가 쏟아져 나오고 있는 이때에 내담자를 가장 잘 돕기 위해 자신의 지식과 기술을 개선하고 향상하는 자세가 윤리적인 상담자에게 필요하다. 만약 상담자들이 오래 전에 대학원에서 배운 치료 접근을 고집하거나, 교수가 10년 전이나 지금이나 강의내용이 같다면 이는 유능성의 차원에서 비윤리적일 뿐만 아니라, 내담자나 학생들이 받을 혜택을 고려하지 않는다는 면에서 지양해야 한다.

아래 표에서 보듯이, 대부분의 학회들이 상담자의 최신 전문 지식에 대한 계속적인 노력을 할 것을 윤리 규정으로 제정하여 강조하고 있는 것을 볼 수 있다.

미국상담학회(ACA)
C.2.f. 계속 교육 상담자들은 자신의 분야에 관한 최신의 과학적이고 전문적인 지식을 얻고 유지하기 위해 계속 교육의 필요성을 인지한다. 자신이 가진 기술의 유능성을 유지하기 위해 노력하고, 새로운 방법에 개방적이고, 다양한 대상과 특정 집단에 대해 최신 정보를 갖춘다.
미국목회상담협회(AAPC)
AAPC 회원으로서 임상적 이슈들에 대한 이해와 수행에 영향을 줄 최신의 연구를 유지할 책임이 있다. 모든 회원들은 수퍼비전, 자문, 회의와 협회의 행사 참여를 포함한 계속 교육과 전문적 성장에 동의한다.
한국상담심리학회(KCPA)
가) 전문적 능력(3) 상담심리사는 자신의 활동 분야에 있어서 최신의 과학적이고 전문적인 정보와 지식을 유지하기 위해 지속적인 교육과 연수의 필요성을 인식하고 참여한다.

5. 개인적 문제

상담자의 유능성은 자신의 개인적인 문제가 상담에 방해되지 않도록 문제를 인식하고 다루는 것도 포함한다. 상담자는 비교적 오랜 기간 동안 훈련을 받기 때문에 개인적인 문제를 인식하기 쉬운 직업이기는 하지만, 그렇다고 심리적인 문제나 관계의 문제로부터 완전히 자유로운 것은 아니다. 상담자들도 스트레스, 인간관계의 문제, 부부 문제, 우울, 불안, 약물 등 다양한 문제들을 겪을 수 있다(Kitchener & Anderson, 2011).

그 외에도 자신의 능력에 대한 평가, 심각한 문제를 가진 내담자들의 이야기, 상담자에게 적대적이거나 공격적인 내담자 등 상담 자체에서 올 수 있는 여러 가지 어려움들을 고려하면, 상담자들이 겪을 수 있는 스트레스나 소진은 쉽게 이해할 수 있다.

문제는 개인적인 이슈이든 상담 자체에서 오는 문제이든 이를 치료하지 않고 방치한 채 내담자를 상담할 경우, 상담자의 판단력과 능력에 손상을 준다는 사실이다. 이는 임상적 문제뿐 아니라, 윤리적인 문제와 법적인 문제로까지 이어질 수 있다. 이를 해결하기 위해서는 개인적인 문제가 상담에 방해되지 않도록 적절한 도움을 구하거나, 필요할 경우 내담자를 다른 전문가에게 의뢰하기도 해야 한다. 이는 상담자가 자신의 전문 영역에 얼마나 충실해야 하는 동시에, 자신도 필요할 경우에는 도움을 받아야 함을 인정하는 겸손이 요구됨을 시사해 준다.

상담자들은 자신의 문제가 상담에 영향을 주기 이전에 이를 예방하는 것이 더욱 중요하다. 상담자의 개인적인 문제는 유능성에 영향을 주기 때문에, 상담자가 효과적으로 내담자를 돕기 위해서는 먼저 자신을 잘 돌볼 수 있어야 한다. 자신을 돌보는 방안으로 다음의 것들을 고려해 보아야 한다. 즉, 가족, 친구, 동료 등과 좋은 관계를 맺고, 일과 관련된 어려움과 기쁨을 함께 나눌 수 있는 사람들과의 관계를 형성하고, 자신의 건강과 복지를 관리하고, 학회나 계속 교육 등 전문적 성장의 기회에 참여하고, 필요할 때 상담이나 도움을 구하고, 문제가 심각해질 때는 상담이나 연구 등을 중단해야 한다(Coster & Schwebel, 1997).

벗맨(Butman, 1997)은 기독교/목회 상담자의 유능성을 향상하기 위한 방법으로 10가지를 제안하였다. 즉, 정신건강 분야의 혹독한 훈련, 수련 과정에서 다양성에 대한 경험, 기독교 정신건강 전문가와 학생들을 위한 수퍼비전과 자문, 합법적인 자격증과 전문 면허 추구, 치료계획 계발과 동료들로부터의 비평, 정기적인 계속 교육, 성경에 대한 이해와 지혜로운 사용, 지역 교회와의 결속, 일반 기독교인들로 구성된 지지그룹에의 참여, 개인적 영적 성숙을 위한 도전이다.

특히 미국에서는 임상가의 다양성에 대한 경험과 훈련을 매우 중요시 한다. 다양한 인종과 국적을 가진 사람들이 모여 사는 사회이기 때문에, 인종, 국적, 나이, 종교, 성별 등에 대한 존중과 개방적인 자세를 강조한다. 이러한 태도는 내담자를 존중하며 돌보는 기독교/목회 상담자에게도 매우 필요한 덕목이다.

미국의 경우 각 주 정부에서 면허를 허가하는 목적은 훈련받은 자격을 갖춘 전문가를 구별하여 인정하고 대중들을 제대로 훈련받지 않은 비전문가들로부터 보호하기 위함임을 명시하고 있다. 그러므로 기독교/목회 상담가를 포함하여 상담자들이 합법적인 자격증과 면허를 받고 이를 유지하고자 노력해야 하며, 이러한 노력은 상담자 본인뿐 아니라 상담자를 길러내는 교육기관과 자격증을 수여하는 협회나 학회가 모두 중요시해야 한다.

　상담자가 혼자 개업을 해서 상담할 경우에 자신의 개인적 문제를 점검하거나 솔직하게 개방할 기회는 적을 수 있다. 그러므로 상담자가 면허를 받은 이후에도 자신을 지키기 위해 학회나 협회에 소속되어 있을 필요가 있다. 공동체나 협회에 소속된다는 의미는 자신과 유사한 일을 하는 사람들로부터 지지를 주고받음으로써 스트레스를 해소하거나 또는 더 심각한 상태로 빠지지 않도록 예방할 수 있다. 특히 윤리적인 문제를 민감하게 인식하고 윤리적 문제로부터 자신을 지키기 위해서는 학회나 협회 등과 같은 기관에 소속되는 것이 윤리적으로 자신을 지키는 데 있어서 매우 중요하다.

　기독교/목회 상담자는 학회나 협회 이외에도 교회와 공동체에 밀접한 관계를 맺고 소속되어 있을 필요가 있다. 벗맨(1997)에 의하면, 기독교 상담자가 지역 교회와 결속을 유지해야 하는 이유로 다음과 같이 말한다.

① 자신들이 힘을 얻고 책임감을 유지하기 위해서다.
② 교회 내 다른 사람들을 돕기 위해서다.
③ 공동체에 소속되어야 할 필요 때문이다.
④ 내담자들을 도울 때, 전인성이나 거룩함과 같은 궁극적인 목적을 기억할 수 있기 위해서다.

　이처럼 상담자는 공동체(협회, 학회, 교회, 또는 기관 등)에의 소속이 주는 유익과 의미를 인식할 수 있어야 하고, 자신의 한계를 알고 지키는 길임을 이해해야 한다.

제6장

상담관계

표 7. 이중관계에 대한 미국과 한국학회들의 윤리 규정 비교

미국심리학회(APA)	미국상담학회(ACA)
3. 인간관계	A. 상담관계
3.02 성희롱	A.1 내담자의 복지
3.03 다른 희롱	A.3 다른 사람의 내담자
3.05 다중관계	A.4 해를 가하지 않음과 가치의 강요
3.06 이해 상충	A.5 비상담적 역할과 관계들의 금지
3.07 제3자의 서비스 요청	A.6 경계와 전문적 관계의 유지와 관리
3.08 착취관계	A.7 개인/집단/기관/사회에서 역할과 관계
7. 교육과 수련	A.8 여러 명의 내담자들
7.07 학생 및 수련생과의 성적 관계	A.9 집단 작업
10. 치료	A.10 상담료와 사업 방식
10.01 치료에의 사전 동의	A.11 종결 및 의뢰
10.02 부부 및 가족치료	A.12 유기 및 내담자 방치
10.03 집단치료	F. 수퍼비전, 수련, 교육
10.04 다른 사람의 내담자에 대한 치료	F.3 수퍼비전 관계
10.05 현재 내담자와의 성적 친밀	F.6 수퍼비전 평가, 교정, 자격
10.06 현재 내담자의 친척/주요 인물과 성적 친밀	F.10 상담 교육자와 학생의 역할과 관계

	미국기독교심리학회(CAPS)
10.07 이전 성적 파트너와의 치료 10.08 이전 내담자와의 성적 친밀 10.09 치료의 중단 10.10 치료의 종결	4.9 내담자아이 성저 친밀 4.11 다중관계 4.12 차별 금지
미국기독교상담자협회(AACC)	한국심리학회(KPA) 한국임상심리학회(KCPA)
ES1-100 기독교 상담에서 궁휼: 섬김의 소명 110 해(害)와 착취 금물 120 내담자의 위험한 행동에 참여금지 130 성적 부정 행위의 금지 140 이중 및 다중관계 ES1-600 기독교 상담에서 사례관리: 건전함소명 630 부부, 가족, 집단과의 작업 ES-700 기독교 상담에서 동료관계: 관계의 소명 740 교육자와 수퍼바이저를 위한 기초 규정	제13조 착취관계 제14조 다중관계 제15조 이해의 상충 제16조 성적 괴롭힘 제44조 학생 및 수련생과의 성적 관계 제60조 내담자/환자와의 성적 친밀성
한국상담심리학회(KCPA) 한국기독교상담심리치료학회(KACCP)	한국복음주의상담학회(KECS)

4. 상담관계
  가. 이중관계
  나. 성적 관계
  다. 여러 명의 내담자와의 관계
	1. 이중관계
	2. 성적관계
	3. 다중관계
	4. 상담관계

    상담자와 내담자의 관계는 일반적 인간관계와는 다른 전문적 관계이다. 전문적인 관계이기 때문에 지켜야 할 윤리들이 있다. 엄밀히 말하자면 심리학자나 상담자들이 하는 거의 모든 서비스와 교육이 이러한 전문적 관계 내에서 이루어지고 있다고 할 수 있다.

    표 7에서 보듯이, 상담관계로 대표되는 전문적 관계는 상담자와 내

담자의 관계를 일차적으로 의미하지만, 더 나아가 상담 교육자와 학생 또는 수련생, 상담 연구자와 연구 참여자, 상담자와 상담기관, 상담자와 다른 상담자, 상담자와 제3의 인물(보험회사, 내담자의 가족이나 주요 타인들, 법원 등)과의 관계 등을 포함하고 있다. 이러한 관계는 상담이 진행되고 있는 현재뿐 아니라 상담관계가 성립하기 이전과 상담이 종료된 이후의 기간에도 적용된다(강진령, 2009). 예를 들어, 이전의 성적 파트너를 내담자로 상담할 수 없는 경우나, 상담이 종료된 이후에 내담자와 사적인 관계를 형성하지 않아야 하는 것이 대표적인 예이다.

그러므로 전문 상담자는 이러한 관계들을 윤리적으로 유지하고 다루기 위해 윤리 규정을 인식하고 지킬 필요가 있다. 전문적인 상담관계는 기본적으로 내담자를 돕기 위해 형성된 관계이기 때문에, 내담자의 복지를 해치거나 효과적인 상담에 방해가 되는 어떤 요소이든지 분별하고 예방하는 것이 필요하다.

윤리적으로 관계를 유지하고 관리하는 것은 모든 상담자들에게 매우 중요한 일이다. 그것은 상담자로서 다른 사람을 얼마나 적절하게 대할 수 있느냐의 문제와 관련이 된다. 상담자는 아무리 전문적 훈련을 받았다 할지라도, 자신과 내담자가 얼마든지 사적인 관계에 의해 영향을 받기 쉽다는 사실을 인정해야 한다.

그러므로 상담자는 상담관계에서 발생할 수 있는 여러 가지 문제들을 예측하고 예방 및 관리할 수 있는 능력을 길러야 한다. 상담관계에서 특히 문제가 많이 보고되는 것은 이중관계와 성적 관계에 관련된 이슈들이다. 미국과 한국의 여러 학회에서 이에 대해 공통적으로 다루고 있는데, 표 7에서 보듯이 미국의 경우 관계에 대해 더 상세히 다루고 있는 데 비해 한국은 비교적 간략하게 다루고 있다.

1. 이중관계

1) 이중관계의 위험성

상담자가 내담자와 맺는 상담자-내담자 관계 이외에 다른 관계를 내담자와 형성하는 경우를 이중관계(dual relationship) 또는 다중관계(multiple relationships)라고 이른다. 가브리엘(Gabriel, 2005)은 이중관계에 대해 다음과 같이 정의하고 있다.

> (이중관계란) 내담자와 상담자의 역할을 가진 일대일 관계에서 상담 이외의 상황이나 역할이 중복되는 경우이다. 중복은 현재 상담관계, 상담관계가 형성되기 이전 또는 그 이후에도 일어난다. 상담 이외의 관계는 친구관계, 사회적 관계, 성적 관계, 동료관계, 재정 또는 사업관계 등이다.

이러한 관계가 의도적이었는지 아니면 우연히 일어났는지에 따라 이중관계의 특성이 달라진다. 그 외에도 이중관계가 일어날 수 있는 상황들은 지역 사회나 어떤 단체에서 내담자와 우연히 마주치는 경우, 교수가 수퍼바이저의 역할을 동시에 수행하는 경우, 직장에서 전문적 역할을 수행하는 지위나 역할이 바뀔 경우, 개인적 관계와 전문적 관계가 둘 중 하나가 선행하는 경우, 내담자와의 관계를 착취하는 전문가 등으로 나누어지기도 한다.

상담자가 내담자와 이중관계를 맺을 경우, 공정하고 객관적이며 효율적으로 업무를 수행하는 데 위험을 줄 가능성이 크다. 그러므로 이중관계에 대한 윤리 규정의 요지는 내담자에게 해가 되거나 상담자의 객관성을 잃게 하는 모든 관계는 피하라는 것이다(APA, 2010). 미국의 경우, 2011년 한 해 동안 미국심리학회에 59건의 윤리 위반이 접수되었고, 그 중에서 13건을 조사하였고, 9건이 범법 행위로 판결되거나 면허를 취소하는 등의 조치가 이루어졌다. 이 9건 중에서 7건(77.8%)이 성적 부정 행위를 포함한 이중관계에 관련된 위반이라는 사실은 이중관계에 대한 윤리적 경각심을 더해 준다(APA, 2011).

미국심리학회는 회원가입을 한 사람들에 대해서만 조사하기 때문에, 회원가입을 하지 않은 전문가나 주정부로 접수되는 사례는 이보다 더 많다. 예를 들어, 미국 캘리포니아 주에서 2015년과 2016년 사이 한 해 동안 접수된 윤리 문제의 수는 980건이며, 그 중에서 실제로 대략 50-60건의 윤리 문제는 비윤리적인 행위로 인해 처벌을 받은 것으로 나타났다(California Board of Psychology, 2017).

상담자는 상담관계에서 오는 친밀성과 책임감을 인식해야 하며, 자신의 개인적인 욕구충족을 위해 내담자를 이용해서는 안 된다. 특히 기독교/목회 상담자는 하나님을 경외하는 모습이 상담관계에서도 드러나야 하며 내담자의 복지를 위해야 한다(Collins, 2008). 이중관계는 비단 상담에만 국한되는 것은 아니다. 수퍼비전, 연구, 교육 장면에서도 마찬가지로 적용되어야 한다. 즉, 지도 감독자와 수련생, 연구자와 연구 참여자, 교수와 학생 간의 관계에도 이중관계의 위험을 인식하고, 착취나 피해를 줄 가능성에 대해 민감해야 한다(Kitchener & Anderson, 2011). 교수와 학생 간 또는 수퍼바이저와 수련생 간의 이중관계에 대해서는 교육과 수련 분야에서 상세하게 다루게 된다.

2) 해롭지 않은 이중관계

그렇다고 모든 이중관계가 비윤리적인 것은 아니며, 이중관계를 완전히 피하는 것도 현실적으로 불가능하다. 비윤리적이지 않은 이중관계는 업무 수행에 위험이 되지 않고 상대방에게 해를 끼치지 않는 관계이다. 반면에, 직업상 이중관계가 요구되는 특수한 여건들 —군대, 감옥, 경찰 등—의 경우, 상담자나 심리학자들은 내담자들보다 직책이 높고, 종종 상담관계보다 우선해야 하는 상위 과제나 목표가 있다(Zur, 2014). 예를 들어, 군대에서는 장교 상담자가 병사 내담자를 상담하는 경우에 이중관계가 필연적으로 존재하게 되고 피하기는 어렵다.

또한, 작은 도시나 시골 지역에서 일하는 상담자도 지역적으로 제한되어 있기 때문에 내담자와의 이중관계를 피하기 어려울 수 있다(Lazarus & Zur, 2002). 이는 기독교/목회 상담에서도 유사하게 나타날 수 있다. 예를 들어, 교회나 모임에 상담자와 내담자가 함께 출석할 경우, 내담자의 상담자인 동시에 내담자가 출석하는 교회의 목회자인 경우, 작은 도시에 있는 유일한 기독교 상담자인 경우 등 다양한 형태로 이중관계가 나타날 수 있다.

그럼에도 불구하고 피해야 하는 이중관계들을 여기에 모두 포함할 수는 없지만 다음과 같은 경우들이 해당된다. 즉, 사제관계이면서 동시에 사적 관계인 경우, 상담자-내담자 관계이면서 동시에 사적 관계인 경우, 상담자가 내담자의 친척이나 보호자와 사적 관계를 맺는 경우이다. 또한 사제관계이면서 동시에 상담자-내담자 관계인 경우, 내담자의 상담자인 동시에 목회자로서 내담자와 그의 가족이나 가까운 사람들에게 사역하는 관계, 사제관계나 고용관계, 또는 상하관계에 있으면서 상담자-내담자 관계로 금전적 관계를 형성하는 경우, 기타 업무수행의 공정성을 저해할 가능성이 있거나 착취 또는 피해를 입힐 가능성이 있는 경우들이다.

이러한 이중관계에 있어서 내담자와 이중관계를 맺을지 또는 그로 인한 위험에 대한 책임은 상담자에게 있다. 그러므로 상담자는 자신의 지위나 관계의 특성상 힘을 남용하거나, 내담자(또는 학생, 수련생, 연구 참여자 등 포함)를 착취를 하거나, 객관성을 상실하게 될 수 있음을 스스로 인식할 수 있어야 하고 위험을 최소화하기 위해 노력해야 한다.

3) 문화적 차이

반면, 한국의 경우 이중관계에 대한 기본적인 견해는 미국과 다르지 않으나, 문화적 차이 때문에 이중관계를 다루는 데에서 덜 엄격한 경향이 있다. 예를 들어, 한국에서는 수퍼비전을 제공할 수 있는 전문가가 부족하기 때문에 교수가 학생을 상담하거나 수퍼바이저가 수련생에게 상담을 제공하는 것이 허용되고 있다(유영권, 2010). 한국 문화에서는 관계의 경계가 분명하지 않은 경우가 많고, 이러한 집단주의 문화가 상담자와 내담자 관계에도 영향을 주고 있다(공윤정, 2013).

우홍련 등(2015)의 연구에서도 이와 유사한 결과가 보고되었는데, 한국 상담자들은 이중관계에 대한 윤리적 문제의 경험이나 위반이 비교적 낮은 것으로 보고되었다. 이중관계 문제의 빈도가 낮은 것이 문화적으로 그 기준이 덜 엄격하기 때문인지, 아니면 상담자들이 전문적인 경계를 잘 유지하기 때문인지는 정확하지 않다. 그러나 상담자들이 자신의 문화와 그 영향을 인식하고 윤리적으로 상담관계를 맺고자 노력해야 하는 것은 분명하다.

　이처럼, 비성적인 이중관계가 내담자의 유익을 위할 수도 있다는 다소 덜 엄격한 태도를 보이는 사람들은 특정 상황이 윤리적인지를 결정할 때는 지역사회에서 상담자의 역할과 문화적 요인을 고려할 것을 주장하고 있다(Lazarus & Zur, 2002). 그러나 이러한 덜 엄격한 입장도 이중관계가 궁극적으로 내담자에게 유익이 될 경우에만 허용해야 한다는 기본 입장은 같다. 즉, 문화나 종교, 특수 상황을 이중관계를 맺는 핑계로 삼아서는 안 되며, 상담자의 본분을 잃어버려서는 안 된다. 그러기 위해서 상담자는 객관성을 유지하고 내담자의 유익을 위하는 기본 방침을 항상 우선적으로 적용할 수 있어야 한다.

　박외숙과 고향자(2007)는 한국의 문화적 상황을 고려하여, 우선 상담자 스스로 자신의 성숙도를 평가하기, 문화적 영향으로 쉽게 빠질 수 있는 소지를 점검하기, 상담 과정 자체에 대한 상담자 자신의 욕구 인식하기, 이중관계에 대한 사례나 사전 지식 쌓기, 특정 내담자와 어떤 위험이 있을지를 예상하기를 제안하였다. 이처럼 상담자가 이중관계에 관련되기 쉬운 자신의 요소들을 미리 예상해 봄으로써 취약함을 대비할 수 있고, 이중관계에 빠질 위험을 줄이기 위한 노력을 하는 것이 매우 중요하다.

　이중관계는 경계(boundary)의 문제와 관련된다고 볼 수 있다. 즉, 이중관계는 상담자가 자신의 전문적 경계를 얼마나 잘 지키느냐의 문제이기도 하기 때문이다. 이중관계는 상황에 따라 유익할 수도 있고 해로울 수도 있다. 무엇보다 상담자 자신이 얼마나 성숙해서 유익과 위험을 구분할 수 있으며, 윤리적으로 의사결정을 할 수 있도록 훈련을 받았는지가 중요하다. 불가피하게 이중관계를 맺게 되더라도 충분한 심사숙고의 과정을 거쳐 가장 윤리적인 선택을 하는 노력이 필요하다.

4) 이중관계의 예방

이중관계에 대한 염려와 관심은 오래도록 논의되어 왔다. 전문가들은 이중관계를 예방하고 방지하기 위해 고려할 사항들을 제시해 왔다. 영그렌(Younggren)과 갓리브(Gottlieb)(2004)는 이중관계를 체계적으로 예방하기 위해 상담자 스스로 해야 하는 다섯 가지 질문들을 제시하여 윤리적 의사결정을 하는 데 도움을 주고자 하였다. 저자들이 제기한 다섯 가지 질문은 다음과 같다.

① 전문적 관계 외에 또 다른 관계를 맺는 것이 꼭 필요한가 아니면 피해야 하는가?
② 이중관계가 내담자에게 잠재적으로 해를 입힐 가능성이 있는가?
③ 해롭지 않다면 그 관계가 내담자에게 유익한가?
④ 이중관계가 치료관계를 방해할 위험은 없는가?
⑤ 나는 이 문제를 객관적으로 평가할 수 있는가?

갓리브(1993)는 이중관계를 예방하기 위한 절차로 상담자와 내담자의 힘의 차이, 치료 기간, 종결의 세 가지 차원을 고려할 것을 제안하였다. 즉, 힘의 불균형이 가져올 수 있는 착취 가능성, 치료 기간에 따른 위험성의 차이, 종결 후 다시 상담관계가 이루어질 가능성에 대해 인식하는 것이 필요하다.

아이비(Ivey)와 던저스(Doenges)(2013)는 갓리브의 이 세 가지 차원을 확장하여, 이중관계가 일어날 가능성이 많은 곳에서 일하는 사람들을 위한 예방절차로 세 가지 차원 즉 치료 기간, 미래에 만날 가능성, 치료의 깊이을 고려할 것을 제안하였다. 즉, 치료 기간이 길수록, 심층적인 문제를 상담할수록, 그리고 다시 상담에 올 가능성이 있다면 이중관계를 가능한 한 필해야 한다.

키치너와 앤더슨(2011)은 심리학자나 상담자가 갖는 사회적 역할이라는 측면에서 이중관계를 고려해 볼 것을 제안하였다. 전문가가 갖는 사회적 역할에 대한 권리나 특권뿐 아니라 그 사회에서 요구하는 기대와 의무를 고려하는 것이 중요함을 주장하였다. 즉, 상담자에 대한 사회적 기대는 내담자를 돕는 사람으로서 내담자의 복지와 유익을 위한다는 것이다.

그러므로 상담자는 이중관계가 상담자 자신의 유익이 아니라 내담자를 위하는 관점에서 적합한지 판단해야 한다. 이러한 판단을 객관적으로 할 수 있어야 하고, 그러기 위해서는 상담자가 얼마나 정직하고 책임감 있는 사람이어야 하는지 다시 기억하기 바란다.

2. 성적 관계

이중관계에서 반드시 피해야 하는 관계 중 하나가 상담자와 내담자 사이의 성적 관계이다. 상담자는 어떤 경우나 어떤 종류이든 현재의 내담자와는 성적인 관계를 피해야 한다. 피할 수 없는 경우에 허용될 수 있는 성적 관계는, 과거의 내담자 또는 그의 배우자나 친인척을 포함하여, 내담자와의 상담관계가 종결된 이후, 미국심리학회의 경우 최소

2년, 미국상담학회의 경우 최소 5년이 지나야 하며, 그 관계가 착취적인 특성이 없다는 것을 철저하게 상담자가 검증해야 한다(APA, 2010; ACA, 2014).

미국심리학회(APA)

10.05 현재 치료 내담자/환자와의 성적 친밀성
심리학자는 현재의 내담자 또는 환자와 성적으로 친밀해 질 수 없다.

10.06 현재 치료 내담자/환자의 가족이나 중요한 인물과의 성적 친밀성
심리학자는 현재 내담자나 환자의 가까운 친인척, 보호자, 또는 중요한 타인과 성적인 관계를 맺을 수 없다. 심리학자는 이 규정을 피할 목적으로 치료를 종결해서는 안 된다.

10.07 과거 성적 파트너의 치료
심리학자는 이전에 자신이 성적인 관계를 맺었던 사람을 내담자나 환자로 받을 수 없다.

10.08 이전 치료 내담자/환자와의 성적 친밀성
심리학자는 이전 내담자나 환자와 성적인 친밀한 관계를 맺기 위해서는 최소 상담이 종료된 이후 2년이 지나야 한다. 심리학자는 치료 종결 후 2년이 지났다 하더라도 매우 드문 예외 상황이 아니고서는 이전 내담자나 환자와 성적 관계를 맺어서는 안 된다.

그뿐만 아니라, 내담자의 상담 문제, 상담의 종류, 상담 기간, 종결의 성격, 내담자의 현재 심리적 상태 등 여러 요소를 고려하여 내담자에게 해가 되거나 착취가 아님을 증명할 수 있어야 하고, 이러한 관계의 책임은 상담자에게 있다. 그 외에도, 상담자는 이전에 자신과 성적인 관계에 있던 사람을 내담자로 받아들일 수 없으며, 이러한 성적 부정 행위의 금지는 지도 감독을 받고 있는 수련생이나 학생 및 연구 참여자에게도 적용된다(APA, 2010). 즉, 교수나 수퍼바이저는 자신이 지도하고

있는 학생이나 수련생과 성적인 관계를 결코 맺어서는 안 된다.

1973년부터 1986년에 걸쳐 이루어진 각기 다른 연구 조사들에 의하면, 상담자들의 성적 부도덕 행위는 응답자의 5-10%에 이르며, 기독교 상담자들 가운데서는 2%에 해당한다(Shackelford & Sanders, 1997). 또 다른 연구에서, 상담자의 비윤리적 행위의 종류 중에서 성적 부도덕 행위가 가장 많은 것으로 드러났고, 상담자들이 성적인 취약함이 있음을 보고하였다(Hawkins & Benson, 1997).

최근의 미국심리학회 보고서(2016)에 의하면, 2015년도에 이중관계에 대한 윤리 문제는 전체 윤리 문제(8건)의 절반을 차지하고 이는 모두 성적인 비행에 관한 것이었다. 2011년부터 2014년까지 보고된 전체 윤리 문제(평균 10건) 중에서 성적 비윤리 행위는 29%에서 20%로 줄어드는 추세였으나, 2015년에는 오히려 성적 비윤리가 차지하는 비율(50%)이 더 높아졌다. 즉, 미국심리학회로 보고된 전체 윤리 문제 평균 보고 횟수는 줄어들었으나 그 중에서 치료자의 성적 비윤리가 차지하는 비율은 증가하였다.

성적 비행을 저지른 사람 중 80%가 한 내담자에 그치지 않고, 한 명 이상과 성적 관계를 맺은 것으로 보아 내담자 요인보다는 상담자 자신의 문제와 더 관련이 깊다고 할 수 있다(Kitchener & Anderson, 2011). 심지어 내담자들에 의해 유발된 경우라 하더라도, 그것을 상담 과정에서 적절하게 다루지 못한 것은 상담자의 책임이며, 취약하거나 문제가 있는 내담자를 자신의 욕구 만족 대상으로 삼는 행위는 학대(abuse)에 해당한다(Zelen, 1985).

내담자나 수련생, 학생 등과의 성적인 관계는 어떤 상황에서도 정당화되기는 어렵다. 이들은 상담자(지도감독자, 교수 포함)와 힘의 균형에서 대등한 관계에 있지 않다(Shackelford & Sanders, 1997). 더군다나, 내담자들은 자신의 삶의 문제나 관계의 문제에 의해 어려움을 겪고 있어서 도움을 받으러 온 사람들이다. 그들은 도움을 받기 위해 자신의 취약한 부분을 드러내야 하는 처지에 놓이게 되고, 상담자의 제안을 쉽게 받아들일 수 있는 입장에 있다. 그러므로 상담자가 성적인 제안을 할 때 거부하기 어려울 수 있고, 상담자가 자신을 돕는다는 기대가 있기 때문에 더 혼란을 겪게 되고 정서적 어려움을 겪는다.

결국 상담자의 성적인 행동은 내담자들에게 더 큰 상처와 피해를 주게 된다. 내담자들이 상담자와의 성적 관계로 인해 경험하게 되는 어려움은 배신감(Kitchener & Anderson, 2011), 우울증의 증가, 동기 상실, 사회적 부적응, 정서장애, 마약이나 알코올 남용 등의 문제를 경험한 것으로 나타났다(Shackelford & Sanders, 1997).

이러한 비윤리적 성적 관계는 미국의 경우 많은 주에서 불법 행위로 간주한다. 캘리포니아를 비롯한 많은 주에서는 내담자가 이전 상담자와의 성적 관계를 보고할 경우, 내담자로 하여금 신고하게 하거나 내담자의 동의를 얻어 신고할 수 있다. 즉, 내담자의 개인정보에 대한 비밀 보장이 윤리 문제를 보고하는 데에도 매우 신중하게 고려되어야 하기 때문이다. 그 이유는 내담자가 미성년자가 아닌 경우에는 자기 결정권이 있고, 스스로 상담자를 고소하거나 고발할 수 있기 때문이기도 하다. 그러나 내담자가 이전 상담자를 윤리위원회에 보고하는 일이 힘들 수 있다는 점을 인식하고, 내담자를 교육하고 적극적으로 해결하도록 도와 줄 수 있다. 그러나 미네소타 주의 경우, 내담자의 동의 없이도 이전 상담자의 성적 비행을 현재 상담자가 신고할 수 있다(Kitchener & Anderson, 2011).

한국의 경우에도 상담자와 내담자 사이의 성적인 관계를 엄밀히 금하고 있으며, 최소 기간으로 2년을 명시하고 있다(한국상담심리학회, 2003). 그러나 한국은 이러한 성적인 비행이 일어났을 때 상담자가 그 상담자를 면직시키거나 윤리위원회에 보고할 수는 있으나, 그에 대한 법적인 처벌의 기준은 명확하지 않다(방기연, 2013).

기독교/목회 상담자들은 윤리 규정과 법 규정 이외에도 성적 비윤리에 대한 성경적인 접근을 염두에 두어야 한다. 즉, 성경적인 입장에서도 자신의 성적 욕망을 채우기 위해 권위를 이용해 약자를 착취하지 않아야 한다. 성경은 이러한 일들이 어떤 심판을 받으며, 그러한 범죄가 가져오는 결과가 어떠한지 분명하게 보여 준다. 그러므로 기독교 상담자들에게 있어서 내담자와의 성적인 비행은 비윤리적일 뿐만 아니라 종교적 차원에서도 범죄 행위에 해당한다. 그것은 자신들이 믿고 있는 가치관에 위배되는 행위이며 악을 행하는 것으로 간주할 수 있다(삼하 11:9-12).

상담은 상담자와 내담자가 일종의 치료적 동맹관계가 전제되어야 한다. 이러한 치료적 동맹관계는 상담자와 내담자 사이의 정서적인 유대, 상담의 목적, 그리고 그 목표를 이루기 위해 필요한 치료적 개입이 있어야 한다고 했다(Bordin, 1979, 1994 재인용 in Lynne Gabriel, 21). 상담자들은 이러한 상담의 독특성을 이해하고 미리 상담관계의 친밀성을 예상하여 이에 적절히 대처하는 방법에 대해 준비해야 한다.

이처럼 상담관계의 친밀성을 고려한다면, 성적 감정이 일어날 수도 있다는 점을 미리 예상할 수 있다. 실제로 많은 상담자가 내담자에게 성적으로 끌리거나 성적 감정을 느낀다고 한다(Pope, Sonne, & Holroyd, 1993). 내담자에게 성적 매력을 느끼는 것은 남성과 여성 상담자 간에 큰 차이가 없으나(Pope, Keith-Spiegel & Tabachnick, 2006), 비윤리적 성적 관계의 발생은 주로 남성 상담자와 여성 내담자 사이에 일어난다(Zelen, 1985). 즉, 성적 매력을 느끼는 것 자체는 자연스러울 수 있으나, 그것을 행동으로 옮기는 위험에 빠질 가능성은 남성 상담자가 훨씬 더 높음을 알 수 있다. 그러므로 남성 상담자들은 자신의 취약함을 인정하고 미리 예방하는 노력이 필요해 보인다.

이처럼 성적 호감이나 매력을 느꼈더라도 그것을 행동으로 옮기는 것은 다른 문제이다. 여기에는 상담자의 윤리의식과 윤리적 의사결정 능력, 상담자의 자기 인식, 솔직하게 다룰 수 있는 상담자의 능력 등 여러 가지 요인이 영향을 미칠 수 있다. 상담자가 성적 관계를 비롯한 이중관계에 빠질 위험을 예측할 수 있는 요인들은 소진(burnout)이나 정서적 어려움(Hawkins & Benson, 1997), 경계의 느슨함(boundary)(Kitchener & Anderson, 2011), 관계의 문제, 성격적 문제(Shackelford & Sanders, 1997) 등 다양하다.

이중관계, 특히 성적 관계로 빠질 위험이 있는 신호로 경계의 느슨함을 예로 들 수 있다. 즉, 특정 내담자와 상담 시간을 더 길게 잡거나, 동료들이 없는 시간대로 상담 약속을 잡거나, 내담자와 전화 통화가 잦다거나, 상담자의 자기 개방이 많다거나, 비용을 감해 주거나, 식사 시간에 상담을 하는 등의 행동들은 이후 더 문제가 되는 행동으로 이어질 소지가 많다(Kitchener & Anderson, 2011).

반면, 포프(Pope)와 동료들(1993)은 특히 성적 관계와 관련하여 상담자가 민감해야 하는 상황적 단서들을 제시하여 주의를 기울일 것을 권장하고 있다. 그들이 제시한 위험한 관계의 단서들은 내담자의 비인간화, 상담자의 비인간화, 회피, 강박, 실수, 성적 환상, 특별대우, 내담자

고립, 상담자 고립, 비밀, 동료에게 확인, 지루함/졸림 등이다.

　예를 들어, 상담자의 비인간화란 마치 상담자는 내담자에게는 절대로 성적인 감정을 느끼지 않고 초월할 수 있다고 생각하는 것이다. 내담자의 비인간화는 내담자를 도움이 필요한 대상으로만 보고 절대로 상담자를 유혹하거나 자신이 성적 호감을 느낄 대상이 아니라고 보는 것을 말한다. 이처럼 상담자가 자신과 내담자를 서로 영향을 받을 수 있는 한 인간임을 인정하지 않는 것이 오히려 그 반대로 위험에 빠지게 할 수 있다는 것이다. 상담자가 자신도 유혹이나 성적 감정에 빠질 수 있다는 점을 인식할 때 그에 대한 경계와 예방을 위해 노력할 가능성이 높다.

　상담자나 내담자의 고립은 상담관계 이외의 대인관계가 거의 없는 경우를 말한다. 상담자-내담자 이외의 인간관계가 없는 이러한 사회적 고립은 상담관계를 전문적인 관계보다 더 특별한 것으로 느끼도록 하기가 쉽고, 서로에 대한 의존이나 정서적 필요를 상담에서 채우려고 할 가능성이 많다. 그러므로 무엇보다 상담자는 다른 상담자들과 교류할 수 있는 그룹에 소속되어 있음으로서 정서적 지지를 주고받을 필요가 있다. 더불어 협회나 공동체의 소속은 서로를 지지하면서 동시에 책임(accountability)을 공유하면서 서로를 지탱해 주는 역할을 하는 유익이 있다.

　콜린스(2008)도 이와 유사하게 상담자가 자각해야 하는 위험한 관계의 상황적 단서로 내담자의 상담자에 대한 의존성의 증가, 상담자에 대한 지나친 칭찬, 외로움에 대한 호소, 선물, 신체 접촉 증가, 성적인 문제에 대한 빈번한 이야기, 유혹 행위, 상담자와 대등하게 힘겨루기 등으로 제시하였다. 내담자에게 이러한 단서들이 보일 때 적신호로 인식할 수 있는 민감함과 윤리의식이 필요하고, 이러한 단서들을 어떻게 다룰 지에 대해 미리 준비해 둘 필요가 있다.

동시에, 그는 상담자의 위험을 알리는 신호로 내담자를 자주 생각하는 것, 자신의 배우자와 내담자를 비교하거나, 특정 내담자가 다른 내담자들보다 특별하게 느껴진다거나, 잦은 전화통화, 길어진 상담 시간, 성적 환상 등을 제안하여 상담자로 하여금 경각심을 갖도록 하였다. 이처럼 위험의 신호는 내담자에게만 있는 것이 아니다. 상담자 자신에게 일어나는 위험의 신호들을 자각할 수 있어야 하며, 그것을 인정하고 바로 잡고자 하는 노력이 필요하다.

상담자들이 내담자에게 어떤 형태로든 매력을 느끼는 것은 흔한 일이다. 중요한 것은 상담자가 그것을 간과하거나 피하려고 하기보다 인간성의 한 부분으로 인정하고 직시할 필요가 있다.

성적 관계를 포함한 이중관계를 예방하고 윤리적으로 행동하기 위해서는 상담자가 자신의 상태에 대해 민감해야 하고, 윤리 규정에 비추어 자신을 돌아볼 수 있어야 하며, 동료 상담자나 수퍼바이저에게 자문이나 수퍼비전을 통해 대처하는 노력이 필요하다. 필요한 경우에는 자신의 개인적 또는 부부 문제를 상담받을 수도 있고, 다른 상담자에게 내담자를 의뢰하는 등 다양한 방법을 강구해 보아야 한다.

이처럼 상담자의 성적 비윤리 행위는 상담자 요인이 미리 예방되어야 하고, 그 영향이 매우 크다는 점에서 중요하게 다루어져야 한다. 특히 이러한 문제는 대학원 과정에서부터 논의되고 교육이 이루어질 필요가 있으며, 자격증을 받은 이후에도 계속 교육을 통해 점검해야 한다.

전요섭(2016)은 상담학을 가르치는 양성기관에서 교과 과정으로 상담 윤리 과목을 통해 교육할 것과, 자격관리기관에서도 상담 윤리 교육을 자격 갱신의 의무 규정으로 포함하는 방법 등으로 미리 예방하고 교육해야 하는 중요성을 언급하였다.

제7장

비밀 보장

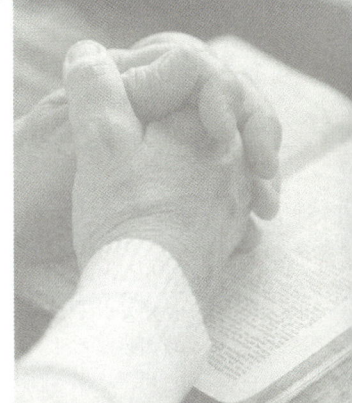

표 8. 비밀 보장에 관한 미국과 한국학회들의 윤리 규정 비교

미국심리학회(APA)	미국상담학회(ACA)
1. 윤리 문제의 해결 1.04 윤리 위반의 해결 1.05 윤리 위반의 보고 1.06 윤리위원회와의 협력 2. 유능성 2.05 타인에게 업무 위임 3. 인간관계 3.05 다중관계 3.07 제3자의 서비스에 관한 요청 3.09 다른 전문가들과의 협력 3.10 사전 동의 3.11 기관에서의 심리적 서비스 제공 3.12 심리적 서비스의 방해 4. 개인정보와 비밀 보장 4.01 비밀 보장의 유지 4.02 비밀 보장의 한계 4.04 개인정보에 대한 최소의 침해 4.05 정보 개방 4.06 자문	B. 비밀 보장과 개인정보 B.1 내담자의 권리 존중 B.2 예외 B.3 타인들과의 정보 공유 B.4 집단 및 가족 B.5 사전 동의 능력이 결여된 내담자 B.6 기록과 문서 B.7 사례 자문 D. 다른 전문가들과의 관계 D.1 동료, 고용주, 피고용인과의 관계 E. 평가, 사정, 해석 E.4 자격 있는 사람에게 자료 유출 G. 연구와 출판 G.1 연구 책임 G.2 연구 참여자의 권리 H. 원격상담, 기술, 미디어 H.2 사전 동의와 안전

4.07 수련과 다른 목적으로 비밀정보 사용 6. 기록과 상담 비용 6.01 업무 기록과 보관 6.02 비밀 기록의 유지, 배포, 처분 6.04 비용 및 재정 6.06 비용 부담자에게 보고할 때의 정확성 8. 연구와 출판 8.02 연구에의 동의 8.15 심사자들 9. 평가 9.03 평가에의 동의 9.04 검사 자료의 노출 10. 치료 10.01 치료에의 동의 10.02 집단이나 가족의 참여 10.03 집단치료	미국기독교상담자협회(AACC)
	ES1-400 기독교 상담에서의 궁휼: 섬김의 소명 410 내담자의 비밀 보장 420 정보 개방 요구될 때 비밀 보장과 특권요청 430 치명적 위험으로부터 보호: 의무적 개방 440 수퍼비전, 자문, 교육, 설교, 출판 시 개방 450 개인정보 유지와 기록 보관 460 외부압력에 대한 개인정보 권리 보호 ES1-600 기독교 상담에서 사례 관리: 건전함 소명 630 부부, 가족, 집단과의 작업 ES1-800 기독교 상담에서 공동체-겸손의 소명 890 기독교 상담 연구에의 윤리 규정
	한국복음주의상담학회(KECS)

	E. 정보의 보호
	  1. 기록 보존
	  2. 비밀 유지
	  3. 비밀 유지의 한계

한국상담심리학회(KCPA) 한국기독교상담심리치료학회(KACCP)	한국심리학회(KPA) 한국임상심리학회(KCPA)

5. 정보의 보호
  가. 사생활과 비밀 보호
  나. 기록
  다. 비밀 보호의 한계
  라. 집단상담과 가족상담
  마. 기타 목적을 위한 내담자 정보 사용
  바. 전자 정보의 비밀 보호
	제19조 비밀 유지 및 노출
	제26조 연구 참여에 대한 동의
	제48조 학생 및 수련생의 개인정보 비밀 유지
	제58조 평가서, 검사 보고서 열람
	제60조 치료 절차에 대한 설명과 동의

1. 비밀 보장의 의미와 중요성

비밀 보장은 신뢰를 바탕으로 하는 상담관계에 매우 중요한 요소이다(Lukens, 1997). 비밀 보장은 상담에 대한 내담자의 신뢰를 얻고 그 효과를 높이는 데에 도움이 될 뿐만 아니라, 상담자가 내담자에 대해 지켜야 하는 의무이기도 하다. 비밀 보장은 상담뿐 아니라, 검사와 평가, 교육, 연구, 수퍼비전에서도 동일하게 적용해야 한다.

즉, 이 장에서는 비밀 보장에 관해서 주로 상담이나 심리치료 영역을 위주로 살펴볼 것이지만, 상담을 비롯한 심리학적 서비스를 제공하는 모든 전문가들은 그들의 서비스를 받는 대상들에게 비밀을 보장해야 함을 인지하고 동일하게 적용하기를 바란다.

비밀 보장은 앞서 2장에서 살펴본 상담 윤리의 원리들 중에서 자율성, 신뢰성, 유익성, 무해성과 관련 된다.

첫째, 비밀 보장은 상담자에 대해 신뢰감을 줌으로써 상담관계를 효과적으로 형성하도록 한다.

둘째, 상담에서 비밀이 보장된다는 사실을 아는 것은 내담자들로 하여금 상담 이외의 일반 대인관계나 장소에서 무분별하게 문제를 드러내지 않도록 보호하고 상담에서 그 문제를 해결하도록 도와준다는 점에서 유익성이나 무해성과 관련이 있다(Kitchener & Anderson, 2011).

기본적으로 내담자를 돌보고 문제 해결을 도와주기 위해서 그 내용을 비밀로 지키는 것은 내담자의 유익을 위하는 것이다. 내담자는 비밀이 보장될 때 솔직하게 자신의 이야기를 털어 놓을 수 있게 되고 문제 해결이나 성장에 이를 수 있다는 점에서도 유익이 있다. 또한 내담자의 정보에 대해 비밀을 보장하는 것은 내담자의 사생활을 보호하고 안전하게 지키는 일이다. 반대로 만약 상담자가 내담자의 사적 정보를 상담 이외의 장면에서 이야기 한다면, 이는 내담자의 사생활과 안전을 위협하고 침해하는 것이므로 결국 내담자에게 해를 입히는 것이다.

셋째, 비밀 보장과 자율성의 관계는 상담 첫 시간에 비밀 보장의 한계에 대해 듣는 것이 내담자로 하여금 자신의 개인정보를 어느 정도로 공개할지에 대해 자율적으로 결정하는 지침이 된다는 점이다.

즉, 어떤 조건에서는 상담자가 비밀을 보장할 수 없고 자신의 정보를 공개해야 하는 의무가 있는 사람임을 이해함으로써 상담에 대해 지나친 기대를 하지 않게 될 뿐 아니라, 상담에서 어떤 정보를 이야기할지는 결국 내담자의 자율적인 선택임을 스스로 인지하게 되고 상담에 능동적으로 참여하는 책임감을 갖게 된다. 이는 또한 상담자와 내담자 모두에게 상담의 경계를 인식하도록 하는 좋은 방법이기도 하다. 즉, 상담이 유한하며 상담관계 또한 전문적이고 제한된 성격을 지님을 상담자와 내담자 모두 인식하는 것이 바람직하다.

2. 비밀 보장을 지켜야 하는 경우들

비밀을 보장해야 하는 경우는 표 8에서 제시된 모든 영역들이다. 표 8에서 보듯이, 미국심리학회의 윤리 규정들은 비밀 보장을 어느 한 규정에서만 언급하고 있는 것이 아니라, 윤리 규정들 전체에 그 내용이 걸쳐져 있다. 그 중에서 7가지 규정은 비밀 보장과 그 한계에 대해 내담자에게 알려줘야 하는 의무에 해당한다(Fisher, 2008). 즉, 37가지 규정이 비밀 보장에 대해 직접 언급하고 있거나 또는 다른 주요 윤리 규정에 비밀 보장이 관련되어 있다.

1) 윤리 문제의 해결과 비밀 보장

　윤리 문제가 발생해서 윤리위원회에 그 문제를 알려서 해결하고자 할 때, 상담자는 내담자의 개인정보를 공개하는 것을 최소화하고 반드시 필요한 정보만을 공개하고자 노력함으로써 비밀 보장을 지킬 수 있다(APA, 2010). 이는 교수, 슈퍼바이저, 연구자, 심리검사자에게도 동일하게 적용된다. 즉, 학생과 수련생, 연구 참여자, 피검자, 또는 기관 내의 다른 내담자와 관련된 윤리 문제를 해결하는 과정에서 그들의 개인정보가 필요 이상으로 공개되거나 노출되지 않도록 해야 한다.

　유사하지만 다른 예로, 현재 내담자가 이전 상담자와 부적절한 관계를 맺었다고 가정할 때, 상담자는 그 비윤리적인 상담자를 그가 속한 윤리위원회에 보고하는 것이 윤리적일 것이다. 그러나 그 해결 과정에서 내담자의 정보가 드러나는 것을 피할 수 없고 내담자가 이를 원하지 않을 경우에는 내담자와의 비밀 보장의 윤리가 윤리 문제 해결에 대한 윤리보다 앞선다고 할 수 있다. 결과적으로 윤리위원회에 이전 상담자의 비윤리적 문제를 보고할 수 없게 되기도 한다. 이처럼 비밀 보장의 윤리는 다른 많은 윤리 규정들에 밀접하게 연관되어 있는 매우 중요한 윤리 규정 중 하나이므로 이에 대한 민첩하고 신중한 접근이 요구된다.

2) 유능성과 비밀 보장

대학원 과정에서 상담 실습을 하고 있거나 또는 졸업 후 인턴 기간 동안 수련을 받고 있는 상담자들에게 내담자를 맡길 때에는 그들이 내담자의 개인정보에 대한 비밀 보장을 잘 지키는지를 확인하고 그에 대한 책임을 지는 것은 수퍼바이저의 몫이다(APA, 2010). 즉, 수퍼바이저나 교수는 수련생과 실습생의 모든 활동에 있어서 윤리적 법적 책임을 지는 사람이다. 그러므로 그들이 유능하게 상담을 잘 수행하는 것과 더불어 더 민감하게 윤리적 문제나 상황에 친숙해지도록 교육을 해야 한다.

3) 인간관계와 비밀 보장

상담 서비스에 대한 비용을 지불하는 보험회사나 가족, 또는 기관은 비용지불을 위해서 내담자의 정보를 요구한다. 그러므로 상담자는 제3자에게 이러한 정보를 제공할 때는 최소한의 필요한 정보만을 제공하도록 주의를 기울여야 한다(APA, 2010).

또한 다른 전문가에게 자문을 구할 때에도 내담자의 허락(authorization)을 받은 뒤에 하거나, 그렇지 않을 경우에는 내담자를 알아볼만한 정보를 제공하지는 말아야 한다. 이는 내담자뿐 아니라 연구 참여자나 다른 사람 또는 기관에 대해 자문을 구할 때도 마찬가지로 가능한 한 비밀 보장을 하는 것을 원칙으로 해야 한다(APA, 2010).

마찬가지로, 내담자, 학생, 연구 참여자, 기관의 다른 내담자, 다른 서비스 대상자에 대한 정보를 자신의 저술이나 강의 또는 대중매체에서 사용하고자 할 때는 해당 대상의 인적 정보를 변경해서 사용하거나, 문서로 동의(consent)를 받거나, 법적으로 허가(authorization)를 받아야만 한다(APA, 2010). 이처럼 상담자, 수퍼바이저, 교육자, 연구자 모두 그들의 서비스를 받는 대상들에 대한 비밀 보장의 의무를 철저히 지키고자 노력해야 한다.

비밀 보장은 내담자의 사적인 정보를 상담 장면 밖에서 누설하지 않겠다는 것으로, 내담자로 하여금 상담자를 신뢰하게 하고, 자신의 문제를 솔직하게 털어놓을 수 있도록 한다. 단지 상담자가 내담자의 사적 정보를 누설하지 않는 것 외에도, 상담자가 내담자를 상담하고 있다는 사실 자체를 드러내지 않는 것, 전화나 팩스, 이메일 등을 사용할 때 상담 내용이나 내담자의 정보를 보호하는 것, 내담자의 가족이나 친척 등에게 내담자의 상담 내용을 이야기하지 않는 것, 내담자들끼리 마주치지 않게 하려고 상담 시간 간격을 충분히 두는 것 등이 비밀 보장을 지키는 데 필요한 윤리적 행동의 예들이다(강진령, 2009). 예를 들어, 내담자와 이메일을 주고받을 때도 상담자는 비밀 보장을 지키기 위해 노력해야 한다. 즉, 내담자와 주고받는 이메일 서명 부분에 이메일이 개인정보를 보호하는 데에 안전하지 않을 수 있음을 알리고, 실수로 제3자에게 이메일이 전달될 경우에는 그 이메일을 파기하고 잘못 수신되었음을 발신자에게 알려줄 것을 공지해야 한다.

3. 비밀 보장의 예외

    비밀 보장에 관한 규정의 골자는 내담자의 개인정보를 보호하고, 내담자가 동의할 때 이를 밝힐 수 있으며, 비밀 보장을 지킬 수 없는 예외의 경우에는 미리 내담자에게 알려줘야 한다는 것이 기본 내용이다(Fisher, 2008). 내담자의 개인정보에 대한 비밀 보장은 절대적이지 않고 조건적이기 때문에, 그 조건들, 즉 비밀 보장을 지킬 수 없는 예외의 경우에 대해서 미리 알려줄 의무가 있다(Kitchener & Anderson).
    대부분의 윤리 규정은 상담이나 심리검사 및 연구에 참여하는 첫 시간에 이에 대해 밝히라고 요구하고 있다. 이는 이후에 발생할 수 있는 법적인 문제로 인해 내담자의 개인정보를 밝혀야 할 때 효과적으로 대처하고 예방할 수 있도록 한다. 실제로 대부분의 상담자는 비밀 보장의 한계에 대해 알려주는 것을 매우 중요하게 생각하고, 상담 시작 전이나 첫 시간에 내담자에게 말로 또는 문서로 알려주고 있다(Somberg, et al., 1993).
    그러나 상담 훈련을 받는 수련생이나 대학원생의 경우, 첫 시간에 내담자와 어떤 이야기도 나누기 전에 비밀 보장과 그 예외를 설명하고 상담 동의를 받는 일의 중요성을 간과할 때가 있다. 예를 들어, 내담자가 상담자를 처음 만나자 마자 울면서 힘든 이야기를 시작한다고 가정을 해 보자. 초보 상담자는 내담자의 이야기를 먼저 들어야 할지, 아니면 감정적으로 불안정한 내담자를 멈추고 비밀 보장을 공식적으로 언급해야 할지 갈등을 느낄 것이다.
    하지만 내담자의 어려움을 주의 깊게 경청하는 것보다 더 중요한 일이 바로 비밀 보장과 그 예외에 대해서 먼저 알려주는 일이다. 극단적인 예로, 내담자가 비밀 보장에 대해 듣기 전에 자살 의도를 밝혔다고 가정을 할 때, 상담자가 내담자의 안전을 위해 다른 전문가에게 자문을 구하거나, 감독자에게 알리거나, 병원이나 경찰에 신고를 해야 한다면 내담자는 비밀 보장에 대한 설명을 듣지 않은 상황에서 적잖이 당황할 것이다. 심지어 상담에 대한 신뢰를 잃어버릴 수 있는 위험도 있다. 상담을 시작하는 첫 시간에 가장 먼저 비밀 보장과 그 한계에 대해 이야기하는 것은 이러한 위험을 줄일 수 있다.

이뿐 아니라, 상담 첫 시간에 비밀 보장의 예외의 경우들을 내담자에게 알려주는 것은 곧 상담을 계속할지 그리고 한다면 어느 정도의 정보를 공개할 것인지에 대한 내담자의 결정권을 존중하는 것이라고 앞서 언급하였다. 그렇다면 내담자가 비밀 보장의 예외 조항을 듣고 이해하고 나서 그와 관련된 정보를 상담자에게 털어놓을 때, 그 의미가 무엇인지 상담자는 민감하게 인식해야 한다.

때로는 내담자가 조심스럽게 이야기하기 때문에 상담자가 자칫 내담자가 이야기를 피하려고 하거나 공개하기를 원하지 않으려 한다고 잘못 해석할 수도 있다. 그러나 상담자가 비밀을 보장해 줄 수 없는 내용을 이야기할 때는 상담자에게 도움을 구하고 있다는 사실을 놓쳐서는 안 된다. 그 표현에 있어서 수동적이고 소극적이라 하더라도 내담자의 도움 요청의 신호를 파악해야 한다.

어떤 경우에는 내담자가 상담의 모든 내용이 비밀 보장이 될 것이라는 지나친 기대를 가지고 있을 수도 있는데, 비밀 보장의 한계를 알려주면서 이를 내담자와 함께 직접 다룰 수 있다. 예를 들어, 상담에서 내담자가 하는 모든 이야기가 비밀 보장이 되는 것은 아니라는 사실에 내담자는 실망할 수도 있고, 상담에 소극적으로 임할 수도 있다. 그러한 반응을 보일 때는 비밀 보장의 예외 조항은 내담자와 관련된 다른 사람의 안전을 보호하는 것이 그 목적임을 상기시킬 필요가 있다. 이처럼 상담자와 내담자의 관계는 전문적이며 한계가 있는 관계이다.

비밀 보장의 예외도 이러한 바운더리가 있는 상담관계의 한 특징에 해당된다고 볼 수 있다. 이에 대한 정확한 인식은 상담자로 하여금 이중관계에 빠지는 위험이나 내담자의 구원자가 되려는 환상에 빠지지 않을 수 있도록 한다. 내담자의 인생 전체를 책임질 수 없고 주어진 한계 내에서만 돕는다는 사실은 상담자로 하여금 통제력 상실, 즉 무력감을 경험하게 하기도 한다. 이러한 경험은 상담이 전문적인 관계이기 때문에 오히려 필연적으로 내재하고 있는 것이며, 그것을 인정하는 것이 겸손하고 윤리적인 상담자의 모습일 것이다.

미국의 경우에 미국심리학회와 미국상담학회에서 공통으로 규정하고 있는 비밀 보장의 예외의 경우는 법적 의무가 있거나 법이 허용하는 범위 내에서 내담자의 정보를 밝힐 수 있다. 즉, 내담자가 자신, 타인, 또는 상담자를 해하려 하거나, 아동, 노인 및 독립해 살 수 없는 성인에게 학대가 의심되거나, 법원에서 소환장이 올 경우, 보험회사에서 치료비 지급을 위해 치료 기록을 요구하는 경우, 전문적 서비스를 위해 자문할 경우이다(APA, 2010; ACA, 2014).

이 외에 내담자가 상담자를 소송한 경우, 응급상황 등은 비밀 보장의 예외가 적용되는 경우들이다(Lukens, 1997). 내담자가 상담자를 소송한 경우에는 상담자가 자신을 변호하기 위해 상담 기록을 사용해야 하므로 내담자의 동의 없이도 법원에 상담 기록을 공개할 수 있다. 응급상황이나 재난 현장과 같이 지속적인 상담서비스를 제공하는 것이 아니라, 응급이나 재난에 처한 사람들을 일시적으로 돕는 경우이므로 비밀 보장에 대해 동의를 구하지 않아도 된다.

예를 들어, 비행기 안에서 갑자기 공황발작을 일으킨 내담자를 진정시키도록 도와 줄 수 있고, 친재지변이나 사고로 인해 재난을 당한 사람들에게 응급상담을 제공하는 경우들이다. 이 경우에는 응급상황이 종료되면서 상담 서비스도 종료되어야 한다. 즉, 응급상황에 처해 있는 사람을 내담자로 받기 위해 자신의 상담소를 소개하는 것은 취약한 상태에 있는 내담자를 이용하는 것이므로 비윤리적인 행위에 해당한다.

한국의 경우에도 한국심리학회의 윤리 규정에서 보듯이 비밀 보장의 예외가 미국의 경우와 일치한다. 한국은 비밀 보장에 대한 규정을 헌법과 아동복지법, 노인복지법, 가정폭력 범죄의 처벌에 관한 특례법, 성매매방지 및 피해자보호 등에 관한 법률, 성폭력범죄의 처벌 및 피해자보호 등에 관한 법률, 청소년 성 보호에 관한 법률, 사회복지사업법 등에서 다루고 있다(강진령, 2009). 이처럼 비밀 보장에 대해 법으로 규정해 놓았기 때문에, 상담자가 비밀 보장을 지키지 못할 경우에는 내담자 또는 그 가족으로부터 법적 소송을 당할 수 있다.

비밀 보장과 관련된 문제가 단순하지 않기 때문에 상담자들은 비밀 보장에 관한 염려를 많이 할 수밖에 없다. 즉, 어떤 경우에 비밀을 유지해야 하고 어떤 경우는 아닌지를 결정하는 데 있어서 여러 가지 복잡한 요소들을 고려해야 하는 경우가 종종 있다.

노안영의 연구에 따르면, 상담자가 갖추어야 하는 지혜에 대해 미국의 상담자들은 비밀 보장, 경청, 윤리적 책임감, 의사소통 기술 등의 순서로, 한국의 상담자들은 경청, 공감, 신뢰감, 자기 이해, 전문적 훈련 등의 순서로 중요도를 평가하였다(노안영, 1998). 미국과 한국의 상담자들이 상담자의 지혜에 중요한 요소에 대해 견해차가 있음을 알 수 있는데, 이는 미국이 윤리 규정을 중시하고 법적 규제를 받기 때문에 비밀 보장이나 윤리적 책임에 대해 매우 민감함을 알 수 있다. 사안에 따라 비밀 보장과 그 예외를 적용하는 경우들을 살펴보자.

미국심리학회(APA)

4.05 공개
(b) 심리학자가 내담자의 기밀을 개인의 동의 없이 공개하는 경우는 법적 의무가 있는 경우이거나 다음과 같이 타당한 목적으로 법에서 허용하는 경우이다.
  (1) 필요한 전문 서비스를 제공해야 할 때, (2) 전문가로부터 적절한 자문을 구할 때, (3) 내담자/환자, 심리학자, 다른 사람을 위험으로부터 보호해야 할 때, (4) 서비스 비용을 청구해야 할 때이며, 이러한 경우 꼭 필요한 최소한의 정보를 공개한다.

한국심리학회(KPA)

제19조 (비밀 유지 및 노출)
3. 법률에 의해 위임된 경우, 또는 다음과 같은 타당한 목적을 위해 법률에 의해 승인된 경우에는 개인의 동의 없이 비밀 정보를 최소한으로 노출할 수 있다.
  (1) 필요한 전문적 서비스를 제공하기 위한 경우
  (2) 적절한 전문적 자문을 구하기 위한 경우
  (3) 내담자/환자, 심리학자 또는 그 밖의 사람들을 상해로부터 보호하기 위한 경우
  (4) 내담자/환자로부터 서비스에 대한 비용을 받기 위한 경우

미국상담학회(ACA)

B.2. 예외
B.2.a. 위험과 법적 요구
B.2.b. 전염성, 생명을 위협하는 질병
B.2.c. 법정 명령에 의한 정보 개방
B.2.d. 최소한의 정보 개방
(항목에 대한 자세한 내용은 지면 관계상 생략한다)

1) 치명적 질병

치명적인 전염성이 있는 질병의 비밀 보장과 관련하여, 윤리 규정 간에 또는 법률과 다른 점이 있다. 미국상담학회의 윤리 규정은 내담자의 전염성이 있는 치명적인 질병에 대해서 예상되는 피해자에게 상담자가 알릴 수 있다(ACA, 2014). 그러나 이에 반해, 미국심리학회와 미국과 한국의 법은 상담자들이 내담자의 인간면역결핍 바이러스(HIV)와 같은 치명적인 전염성 질병에 의한 위험을 내담자의 동의 없이 제3자에게 알릴 수 없다고 되어 있다(APA, 2010).

그렇다면, 치료자가 내담자의 HIV로 인해 그와 관련된 대상에게 위험이 예상될 때 이를 어떻게 다루어야 가장 윤리적인가?

미국상담학회가 HIV 감염 상태를 관련된 상대방에게 알리지 않는 것은 타인에게 의도적으로 해를 가하는 경우로 해석할 수 있기 때문일 것이다. 법률 규정을 따르는 것이 궁극적인 방법이기는 하지만, 내담자가 자신의 성적 파트너나 약물주사 바늘을 공유하는 대상자에게 스스로 질병 보유 사실을 알리도록 돕는 방안을 고려하고 그와 관련된 이슈들을 다루는 것은 치료적 가치가 있는 동시에 피해 예상자도 고려하는 윤리적인 접근이라 할 수 있겠다.

뿐만 아니라, 내담자가 의학적 치료를 받도록 권장하고 계속해서 치료를 받고 있는지를 확인할 필요가 있다. HIV 감염 상태에 대해 의사들의 윤리적 법적 의무는 상담자의 것과는 다를 수 있다. 예를 들어, 미국 캘리포니아 주의 경우, 의사들은 피해가 예상되는 제3자에게 내담자의 HIV 감염 상태를 알릴 수 있다. 이처럼 상담자와 의료진이 함께 협력할 때 내담자나 그와 관련된 사람의 안전을 보호할 수 있는 가능성이 커진다.

2) 자살이나 타살의 위험

내담자의 자살에 대한 의도를 평가하는 것은 평가나 치료적 차원 모두에서 매우 중요한 일이다. 자살에 대한 상담자나 치료자의 의무는 내담자의 유익을 구하고 해를 가하지 말아야 한다는 윤리 원리와 관련이 있다. 내담자의 복지를 위해 그의 생명을 보호하고 예방하는 것은 치료자의 당연한 의무이다. 자살평가는 심리검사뿐 아니라 치료 과정에서 일어날 수 있다.

대부분의 내담자는 자살에 대한 암시를 하는 경향이 있다고 볼 때, 치료자가 그 단서와 위험 요소를 놓치지 않기 위해서는 기민함이 요구된다. 처음 접수 면접에서부터 과거 자살 시도나 치료 경험, 또는 입원한 경험이 있는지 등 단서를 살펴보는 일에서부터 시작하여, 현재 우울이나 관련 정신병리의 정도, 음주나 약물 사용 여부, 가족의 병력 등의 위험 요소도 함께 조사되어야 한다.

내담자가 자살의 의도를 내비쳤을 때, 치료자는 자살의 의도, 계획, 수단에 대해서 구체적으로 질문을 해야 한다. 자살에 대한 생각만 있는 경우와 자살에 대한 구체적인 의도와 계획과 수단을 가지고 있는 경우는 접근이 달라야 한다. 자살 생각만 있는 경우에는 상담의 횟수를 늘려 더 자주 만나거나, 내담자가 필요할 때 상담자에게 신속하게 연락할 수 있는 안내를 해 두거나, 주변 사람의 도움을 받도록 하거나, 치료적으로 삶의 목적과 희망을 상기시키는 방법들이 사용될 수 있다.

그러나 자살 생각에 그치지 않고 더 구체적인 자살 위험을 표현하는 경우에는 내담자에게 안전에 대해 주지시키고, 이를 위해 입원할 것을 권고해야 한다. 자발적으로 입원하는 경우와 비자발적으로 입원하는 경우 내담자가 치료자에게 갖는 태도나 감정은 다를 수 있다. 특히 비자발적으로 입원하게 되어 부정적인 태도를 갖게 되었을 경우, 치료자가 내담자의 퇴원 후 상담에서 그 문제를 다룰 준비를 해야 한다. 물론 내담자를 비자발적인 강제 입원을 시킬 경우에는 상담관계가 깨질 수도 있다. 즉, 내담자를 보호하기 위해 상담관계가 위협을 받는 딜레마에 처하는 경우이다. 내담자의 생명 보호와 상담관계 보호 사이에서 둘 중 하나만 선택해야 할 경우에 상담자는 내담자의 생명을 보호하는 것이 우선이 됨을 인식해야 한다.

반면에 내담자가 타인에게 해를 가하려는 의도를 상담에서 밝힐 때 상담자의 윤리적 의무는 어디까지인가?

이와 관련된 대표적인 경우가 1974년과 1976년 두 번에 걸쳐 일어난 테라소프(Tarasoff)와 캘리포니아대학 간의 판례이다. 테라소프의 사례를 요약하면 다음과 같다. 1969년, 테라소프를 스토킹하던 남자가 버클리병원에서 상담을 받는 중에 당시 버클리주립대 학생이었던 테라소프를 죽이겠다는 의지를 밝히자, 심리학자는 그 여대생의 정보를 알아보지 않은 채 버클리대학교 경찰에 이를 알렸다. 학교 경찰은 그 남자를 만나 주의를 주고 테라소프 주위에 가지 못하도록 하였고 별다른 정신이상이나 위험이 없다고 판단하였다.

그 이후 이를 알게 된 병원의 수퍼바이저는 이러한 내용이 들어 있는 상담 기록과 경찰에 알린 기록을 없애달라고 치료자와 학교 당국에 요청까지 하였다. 결국에 아무 것도 모른 채 학교에 온 테라소프는 그 남자에 의해 살해되고 말았다.

테라소프의 부모가 법원에 해당 학교와 관련 학교 경찰들, 그리고 병원 관계자들을 고소하였으나 기각되자 캘리포니아 주 대법원에 항소를 하였다. 대법원에서는 처음 결과를 뒤집고 치료자가 제3자인 피해자에게 경고할 의무가 있었다고 판결하였다. 즉, 내담자가 제3자를 해하려고 할 때, 치료자는 그 예상 피해자에게 직접 알려야 하는 경고의 의무(duty to warn)를 이행할 책임이 있다는 것이다. 이 경우 경찰에 알리는 것으로는 충분하지 않다. 이것이 1974년에 이루어진 첫 번째 테라소프 판결이다.

이 판결은 상담자들 사이에 적잖은 논란을 일으켰고, 다시 대법원은 1976년에 판결을 변경하여 두 번째 테라소프 판결을 내리게 된다. 즉, 첫 번째 판결이 심리치료자가 예상되는 피해자에게 위험을 알려야 하는 의무가 있다면, 두 번째 판결은 심리치료자가 위험을 알리는 경고의 의무(duty to warn)도 중요하지만 보호의 의무(duty to protect)를 하면 되는 것으로 더 폭넓은 의무로 결론을 내렸다. 즉 보호의 의무는 경찰에 알리고 환자를 입원시키는 노력을 하는 것이다. 하지만 현재 미국의 많은 주에서 테라소프의 첫 번째 판결을 예로 삼아 경고의 의무를 따르고 있다(Kitchener & Anderson, 2011).

상담이나 심리치료에서 위험을 정확히 예상하고 대처하기는 어려울 수 있다. 내담자가 솔직하게 이야기 하지 않을 수도 있고, 위험이 진정성이 있는지, 얼마나 위험한지 그 정도를 파악해 내기가 어려운 것이 사실이다. 이러한 위험은 상담이나 심리치료에서 뿐 아니라, 심리검사를 하다가 또는 교육이나 연구에서 일어날 수도 있다. 이러한 윤리적 법적 문제를 효과적으로 다루기 위해서는 법률에 대한 지식이 필요하고, 일어난 일과 대처한 행동들에 대해 정확히 세밀하게 기록해 두는 것이 중요하며, 내담자와 다른 사람의 안전을 위해 취할 수 있는 대처 방안들에 대한 사전 지식이 필요하다.

물론, 위험한 내담자가 자신의 분노나 적개심을 효과적으로 다룰 수 있도록 하는 치료적 접근이 포함되어야 한다. 이처럼 상담자나 치료자, 연구자는 자신이 져야 할 윤리적 법적 책임이 가볍지 않음을 인식하고 있어야 한다.

뿐만 아니라, 상담자에게 위협을 가하는 내담자가 있을 경우를 대비해서 상담자가 자신을 보호하기 위한 방안을 마련해 두어야 한다. 상담이 신뢰를 바탕으로 내담자를 돕는 관계이기 때문에 내담자가 상담자를 위협하는 경우는 흔하게 일어나지는 않는다. 그러나 내담자의 문제에 따라 가능하기 때문에 미리 예방을 할 필요는 있다.

예를 들어, 예방 차원에서 다른 상담자들이 있는 시간에 내담자를 만나거나, 상담실 내에 상담자의 자리 근처에 비상벨을 미리 설치해 두거나, 상담소에 카메라(CCTV)를 설치하거나, 다른 상담자들이나 직원들에게 안전에 대해 교육하는 것이 필요하다. 실제로 상담 도중에 그런 일이 일어날 경우에는 상담자나 내담자가 상담실을 떠나서 진정할 때까지 기다리거나 상담을 중단해야 한다.

3) 아동 청소년 및 가족상담

부모가 자녀를 상담이나 검사를 받도록 하기 위해 데려오는 경우에 부모와 자녀의 비밀 보장에 대한 기대가 다를 수 있다. 이러한 기대 차이는 자녀가 청소년일 경우에는 더 크다. 심지어 성인 자녀의 상담에 대해서도 부모가 그 내용을 알고 싶어 하는 경우가 종종 있다. 이러한 기대 차이로 인해 생길 수 있는 갈등을 예방하기 위해서는 상담의 초기에 부모와 미성년 자녀가 함께 있는 자리에서 상담자가 비밀 보장과 그 한계를 설명하고, 각각의 기대를 이야기 하도록 할 필요가 있다.

　법적으로는 부모가 미성년 자녀의 상담 내용을 알 권리가 있지만, 부모에게 굳이 알리지 않아도 되는 사적 정보는 사생활 보호 차원에서 비밀을 유지하도록 하는 내용을 함께 나눌 수 있다. 법적으로 신고해야 하는 경우를 제외하더라도, 약물 사용, 임신, 이성교제 등과 같은 중요한 내용을 어느 정도 부모에게 알려야 하는지 등에 대해 미리 언급하고 서로의 동의를 얻는 것이 바람직하다.

　자녀의 상담 내용을 부모와 의논하는 것이 단순하지 않은 경우가 많다.

　예를 들어, 법으로 정해 놓은 비밀 보장의 예외가 아닌 위험한 행동을 하는 청소년 내담자가 자신의 이야기를 부모에게 알릴 경우, 상담을 받지 않겠다고 한다면 상담자가 어떻게 하는 것이 가장 윤리적인가?

　부모에게 알릴 경우 상담을 받지 않게 되어 위험한 행동을 멈추기 어려울 수 있고, 부모에게 알리지 않으면 이후에 부모가 받을 충격이나 부모가 개입의 기회조차 얻지 못한 데 대해 상담자를 원망할 수 있다. 뿐만 아니라, 부모가 상담자를 원망하는 데서 그치지 않고 실제로 상담자를 고소할 수도 있기 때문에 더 세밀한 접근이 요구된다. 궁극적으로 부모는 자녀의 치료 기록을 요구할 수 있고 상담자는 부모에게 그 기록을 제공해야 한다.

　그러나 만약 기록을 공개하는 것이 자녀나 부모에게 위험을 초래할 가능성이 있다고 판단되면, 요약을 제공하는 것을 제안할 수 있다. 그것이 받아들여지지 않을 경우에는 직접 설명하거나 다른 전문가에게 자료를 제공하는 방안도 고려해야 한다. 이처럼 윤리적 결정은 여러 가지 상황을 고려해야 하며, 정답이 없을 경우 최선의 방안을 모색하는 노력이 요구된다.

　부부상담이나 가족상담의 경우에 내담자가 한 사람이 아니기 때문에, 비밀 보장과 그 예외의 적용도 복잡할 수 있다. 기본적으로 상담자가 첫 시간에 치료에 참여한 사람 모두 (아동을 제외하고, 배우자나 다른 가족 구성원)의 서면 동의 없이는 비밀을 공개할 수 없음을 분명히 밝히는 것이 중요하다. 즉, 내담자 한 사람이 부부나 가족치료에 관한 자료를 요청할 때, 상담자는 다른 가족 구성원으로부터 자료를 제공해도 된다는 서면 동의를 받거나, 그것이 거절될 경우에는 해당 가족 구성원의 내용을 배제하고 요청한 내담자의 정보만 제공하는 것으로 대처할 수 있다.

　이와 유사하게, 내담자 사후에 가족이 고인의 치료 기록을 요구할 때가 있다. 내담자가 더 이상 자신의 치료 기록 공개에 대한 동의를 할 수 없는 경우에도 치료자는 내담자의 기록에 대해 비밀 보장을 적용해야 하는 것이 원칙이다. 이는 내담자의 자료는 내담자의 사후에도 비밀 보장이 지켜짐으로써 내담자의 개인정보와 사생활이 보호되어야 함을 시사한다. 즉, 치료자는 내담자가 사망한 이후에 그 가족에게 자료를 공개하거나, 고인이 된 내담자에 대해 이야기하는 것은 비윤리적인 행위에 속한다.

　반대로, 치료자의 갑작스런 죽음으로 인해 치료 기록들을 유지할 수 없게 되는 경우도 있다. 치료자가 속한 기관이 기록을 보관하고 있는 경우도 있지만, 개인사업을 하는 치료자는 유사시를 대비해서 적합한 전문가에게 적절한 위임절차를 미리 계획해 두는 것이 바람직하다. 이러한 장치는 상담자의 신변 변화로 인해서 내담자 정보가 노출되거나 분실되는 것을 예방할 수 있다. 결과적으로 내담자의 정보가 보호되고, 필요할 경우에 내담자들이 자신의 치료 정보나 자료를 열람할 수 있게 된다.

4) 아동학대

아동학대의 내용은 여러 통로를 통해서 알려질 수 있다. 아동이나 청소년이 직접 상담자에게 이야기하거나, 부모가 자신의 상담에서 드러내거나, 또는 내담자가 자신이 어렸을 때 학대받은 경험을 이야기하는 경우가 대부분이다.

그 외에도 가족상담에서 상담자가 직접 관찰하는 경우 또는 학대가 의심되는 증상이나 행동에 대해 질문을 해서 밝혀지는 경우도 있다. 아동학대의 경우 신체적 학대, 성적 학대, 정서적 학대, 방임, 치료 거부 등의 형태로 나타난다.

정서적 학대는 언어적으로 또는 직·간접적으로 아이를 괴롭게 하거나, 또는 아이가 부모의 가정폭력을 목격하여 아동이 겁에 질리거나 심리적으로 스트레스를 받는 경우를 포함한다. 성인 내담자가 자신이 어렸을 때 학대를 당한 경험을 이야기할 때는 내담자를 학대한 가해자가 여전히 다른 아동을 접촉할 기회가 있는지의 여부를 기준으로 보고를 할지 아닌지를 결정한다. 즉, 만약 그 가해자 주변에 아이들이 있다면 아동학대가 의심될 수 있기 때문에 보고해야 한다.

아동학대에 대한 입장이 미국과 한국 간에 다소 차이가 있다. 예를 들어, 캘리포니아 주의 경우 아동학대가 의심될 때 36시간 이내에 아동보호국에 알려야 하고 보고서를 문서로 제출해야 한다. 아동학대에 대한 확실한 증거가 있을 때 보고하는 것이 아니라, 아동학대가 의심될 때조차 보고해야 한다.

한국 문화는 체벌이 정당화되는 문화이고, 부모나 교사가 아이를 훈계하는 데에 체벌을 포함하는 경향이 있다. 그러다 보니 실제로 미국에 이

민 온 한인 가정들이 종종 아동학대로 인해 어려움을 당하는 경우가 있다. 그 반대로 아동학대인 줄 알면서도 가족의 체면 때문에 아동을 보호하기보다는 감추고자 하는 경우도 흔하게 나타난다.

아동학대를 보고할 때 어떻게 할 것인지는 여러 가지 가능성을 고려하는 것이 좋다. 예를 들어, 아동학대를 보고해야 할 경우 내담자에게 상담자의 의무와 예외 규정을 다시 한 번 알려주고, 보고하는 과정에 있어서도 내담자가 함께 있는 자리에서 상담자가 할 것인지, 내담자가 보고할 때 상담자가 옆에서 도와주던지, 상담자 혼자 할 것이지, 또는 내담자가 직접 혼자 보고하던지 등 여러 가지를 고려할 수 있다. 보고한 이후 상담자에 대한 원망이 있을 경우 그에 대한 해소를 위해 노력해야 하며, 부모의 죄책감과 훈계 방법, 부모의 분노 조절 방법, 또는 자녀와의 관계 개선을 위한 내용 등을 이후 상담에서 계속해서 다루어야 한다.

이러한 비밀 보장과 그 예외에 대한 윤리적 이슈의 민감성과 복잡함을 위해 비밀 보장에 대한 윤리적 실행 모델은 심리학자들로 하여금 여러 상황에 다양하게 나타나는 사안들에 대처할 수 있는 방안을 제시하고 있다(Fisher, 2008). 이 모델은 상담이나 심리치료뿐 아니라, 검사와 평가, 연구, 교육, 수퍼비전 등에도 적용할 수 있다. 이 모델의 내용을 표 9에 요약하였다.

표 9. 비밀 보장의 권리에 대한 윤리적 실천 모델

1. 준비하기

가) 내담자의 권리와 그에 대한 치료자의 윤리적 책임 이해하기
나) 비밀 보장에 관련된 법률 지식 갖추기
다) 비밀 보장과 법적 한계에 대한 치료자 자신의 윤리적 입장 정리하기
라) 언제 그리고 어떻게 내담자가 자발적으로 보고하도록 할지 결정하기
마) 법에 의해 비자발적으로 공개할 경우에 윤리적 행동지침 계획하기
바) 믿을만한 윤리 자문과 법적 자문 선택하고 활용하기
사) 치료자의 의도를 잘 나타내는 동의서 준비하기
아) 비밀 보장과 그 예외를 알아듣기 쉽게 설명하는 방법 준비하기
자) 수련생, 인턴, 직원들에게 비밀 보장 교육하기

2. 내담자에게 진실을 알리기(사전 동의)

가) 내담자에게 비밀 보장의 한계에 대해 알리기
나) 비밀 보장에 영향을 주는 이해관계 충돌이나 역할에 대해 설명하기
다) 서비스를 받기 전에 비밀 보장의 한계를 인정하는 동의를 받기
라) 내담자의 상황 (또는 치료자의 의도) 변경 시 다시 대화하기

3. 자발적인 공개를 위해 동의를 얻기

가) 원칙: 법적으로 피할 수 없는 경우에만 내담자 동의 없이 공개하기
나) 공개할 내용과 그것이 함축할 의미를 내담자에게 적절하게 알려주기
다) 공개하기 전에 내담자의 동의를 얻고 기록하기

4. 법적으로 강제 공개해야 하는 경우 윤리적 대처

가) 내담자 동의 없이 공개해야 하는 법적 의무에 대해 내담자에게 알려주기
나) 각 법률 준수하기
　① 치료자가 직접 의무적으로 보고해야 하는 법
　② 다른 사람이 내담자 동의 없이 정보를 열람할 수 있는 법
　③ 법정에서 치료자-내담자 특권을 행사할 수 없는 예외
　④ 치료자가 공개한 정보를 다른 사람이 다시 공개해도 되는 법
다) 비밀 정보를 공개할 때 법적으로 허용하는 최소한의 정도로 한정하기

5. 피할 수 있는 정보 공개는 피하기

가) 비밀 보장의 규칙에 비윤리적 예외를 피하기
나) 정보 보호를 위한 규정과 절차들을 만들기 예) 상담원이 아닌 직원 교육
다) 상담 노트와 기록 보관 및 관리하기
라) 법원과 다른 곳에서 이해관계 상충이 될 만한 이중관계나 역할들 피하기
마) 법적 요구에 대한 예측: 내담자가 스스로 정보를 보호할 수 있도록 도와주기
바) 발표, 연구, 자문에서 내담자 정보를 보호하기
사) (치료자의) 질병이나 사망 시 내담자 정보 보호를 위한 전문적 유언 준비하기

6. 비밀 보장에 대한 대화

가) 윤리의 모델 되기: 다른 사람의 비윤리적인 행위 직면하기
나) 비밀 보장의 윤리에 대해 동료들 간 자문 제공하기
다) 학생, 수련생, 직원, 기관에 윤리 교육
라) 변호사, 판사, 소비자, 대중 교육하기

앞에서 언급한 비밀 보장의 예외들 모두 상담자들이 능숙하게 대처하기 어려운 문제들이다. 어떤 경우에는 비밀을 누설해야 하는 상황이 정확하게 구분되지 않는다. 즉, 실제 상담에서 일어나는 문제들이 윤리 규정이나 법 규정에 정확하게 들어맞지 않은 경우가 있다.

그러므로 상담자들이 윤리 규정과 법 규정을 잘 알고 있어야 할 뿐 아니라, 윤리 문제를 해결하는 전체 과정에서 상담자의 지혜와 분별력이 요구된다.

표 9에서 보는 것처럼 가장 우선적으로는 예방적 차원에서 치료를 시작하기 이전에 이러한 일들을 다룰 수 있는 준비를 해 두어야 한다. 어떤 경우에 비밀 보장이 지켜져야 하는지, 예외의 경우에는 어떻게 민첩하게 대처할 수 있는지를 스스로 점검해야 한다.

특히, 치료의 첫 시간에 비밀 보장과 그 예외에 대해 분명하게 설명하는 것이 매우 중요하다. 이는 또한 내담자의 자율적 의사결정권을 존중하는 의미도 있다. 내담자가 비밀 보장의 예외를 알고 있으면서 치료자에게 그와 관련된 정보를 누설한다는 것이 어떤 의미를 지니는지를 생각해 볼 수 있다.

비밀 보장의 예외 상황이 일어날 때, 자발적으로 또는 비자발적으로 공개하는 방법이 있다. 내담자로 하여금 자발적으로 공개하도록 하거나, 또는 상담자가 공개하되 내담자에게 그 사실을 주지시키는 경우에는 그 과정이 치료관계에 도움이 된다. 예를 들어, 자살 의도가 있는 내담자를 설득해서 자발적으로 입원을 하도록 하는 경우가 이에 해당된다.

그러나 내담자가 자발적으로 공개하려 하지 않거나, 내담자에게 정보의 공개를 알리는 것이 치료적으로도 도움이 되지 않거나, 굳이 알리지 않아도 되는 경우가 있다. 예를 들어, 자발적으로 입원하려고 하지 않는 자살 가능성이 있는 내담자는 강제 입원을 시킬 수밖에 없다. 또는 비밀을 누설하는 일에 대해 내담자의 분노가 심하거나 상담자에게 해를 가할 수도 있는 경우에는 굳이 내담자에게 알릴 필요가 없다.

어떤 경우에든 치료자는 내담자의 개인정보를 최소한으로 공개함으로써 내담자의 사적 정보 노출을 최소화하고자 노력해야 한다. 비밀을 공개해야 하는 상황과 관련해서 공개 전, 공개 과정, 그리고 공개 이후에 적절한 치료적 개입을 고려하는 것도 포함해야 한다.

마지막으로 자신을 계속해서 윤리적으로 자각할 수 있는 상황에 노출시키고, 다른 사람들에게 윤리에 대해 가르침으로써 윤리 기준을 유지하는 노력을 기울이는 것이 포함된다. 윤리적 실행은 한 사람의 책임이기도 하지만, 치료자로서, 연구자로서, 교육자로서, 또는 수퍼바이저로서 다른 구성원과 사회에 대한 책임이기도 하기 때문이다.

제8장

상담 및 심리치료

표 10. 상담·심리치료에 관한 미국과 한국 학회들의 윤리 규정 비교

미국심리학회(APA)	한국심리학회(KPA) 한국임상심리학회(KCPA)
10. 치료 10.01 치료에의 동의 10.02 부부나 가족치료 10.03 집단치료 10.04 다른 사람의 내담자 10.05 현재 내담자/환자와의 성적 친밀 10.06 현재 내담자/환자의 가족이나 중요 인물과의 성적 친밀 10.07 이전 성적 파트너와의 치료 10.08 이전 내담자/환자와의 성적 친밀 10.09 치료의 방해 10.10 치료 종결 6. 기록과 비용 6.01 전문적 과학적 업무 기록과 보관 6.02 전문적 과학적 비밀 기록의 유지, 배포, 처분	제7장 치료 관련 윤리 제60조 치료 절차에 대한 설명과 동의 제61조 집단치료 제62조 내담자/환자와의 성적 친밀성 제63조 치료의 중단 제64조 치료 종결하기 제65조 다른 기관에서 서비스받고 있는 사람에게 서비스 제공하기 제66조 치료에 관한 기록 제67조 치료비
	미국기독교상담자협회(AACC)
	ES1-300 기독교 상담에서 동의: 성실의 소명 210 동의서 220 상담의 구조와 과정에 대한 동의

6.04 비용 미지불 시 자료 유보 6.05 비용 및 재정 6.06 내담자/환자와 물물교환 6.06 비용부담자에게 보고할 때의 정확성 6.07 의뢰와 비용	230 상담의 성경적 영적 접근에 대한 동의 240 어려운 개입에 대한 특별한 동의 250 상담자 역할에의 변화 ES1-400 기독교 상담에서의 긍휼: 섬김의 소명 410 내담자의 비밀 보장 420 정보 개방이 요구될 때 비밀 보장과 특권 요청 430 치명적 위험으로부터 보호: 의무적 개방 440 수퍼비전, 자문, 교육, 설교, 출판 시 개방 450 개인정보 유지와 기록 보관 460 외부압력에 대한 개인정보 권리 보호 ES1-600 기독교 상담에서 사례관리: 건전함 소명 610 치료 계획 620 사례 노트와 기록 보관 630 부부, 가족, 집단과의 작업 640 돌봄의 지속 및 서비스 중단
한국복음주의상담학회(KECS)	

C. 상담관계
  1. 이중관계
  2. 성적 관계
  3. 다중관계
  4. 상담관계
D. 책임과 비용
  1. 책임
  2. 비용
E. 정보의 보호
  1. 기록 보존
  2. 비밀 유지
  3. 비밀 유지의 한계	

한국상담심리학회(KCPA) 한국기독교상담심리치료학회(KACCP)	미국상담학회(ACA)

3. 인간권리와 존엄성에 대한 존중
  가. 내담자 복지
  나. 다양성 존중
  다. 내담자의 권리
4. 상담관계
  가. 이중관계
  나. 성적관계
  다. 여러 명의 내담자와의 관계
5. 정보의 보호
  가. 사생활과 비밀 보호
  나. 기록
  다. 비밀 보호의 한계
  라. 집단상담과 가족상담
  마. 기타 목적을 위한 내담자 정보 사용
  바. 전자 정보의 비밀 보호
	A. 상담관계
	A.1 내담자의 복지
	A.2 상담관계에서의 사전 동의
	A.3 다른 사람의 내담자
	A.4 해를 가하지 않음과 가치의 강요
	A.5 비상담적 역할과 관계들의 금지
	A.6 경계와 전문적 관계의 유지와 관리
	A.7 개인, 집단, 기관, 사회에서 역할과 관계
	A.8 여러 명의 내담자들
	A.9 집단 작업
	A.10 상담료와 사업 방식
	A.11 종결 및 의뢰
	A.12 유기 및 내담자 방치

1. 상담·심리치료에의 동의

1) 상담의 구조화

상담을 처음 시작하는 내담자들은 상담이 어떤 식으로 진행되는지 궁금해 한다. 그러므로 상담을 시작하는 첫 시간에 상담이 어떤 것이며, 어떻게 진행되는지, 상담의 목표와 예상되는 기간, 상담자와 내담자의 역할, 비용, 비밀 보장과 예외의 경우들, 수퍼비전을 받고 있다면 그에 대한 설명 등을 충분히 설명하고, 내담자가 충분히 이해했는지를 확인한 뒤 그에 대한 동의를 받아야 한다. 이러한 동의는 응급 상황을 제외하고는 반드시 문서로 받아야 한다. 만약 내담자가 동의서를 읽어 보지도 않은 채 서명을 했다고 하더라도, 상담자는 동의서의 내용을 말로 설명하고 확인할 책임이 있다.

상담에서 내담자의 동의를 받는다는 것은 내담자의 자율적 의사결정을 존중하는 것이며, 상담이 내담자와 협력적 관계에서 이루어져야 한다는 측면에서 중요한 하나의 과정이 된다. 초기에 상담을 구조화하는 방식은 이론적 접근에 따라 다르지만 위에 언급한 기본적인 내용들이 공통적으로 포함되어야 한다.

> **미국심리학회(APA)**
>
> 10.01 치료에의 동의
> 사전 동의에 대한 규정(3.10)에서 요구된 바와 같이, 치료에 대한 동의를 얻을 때 심리학자는 내담자/환자에게 치료관계가 형성되는 가장 먼저 치료의 특성, 예상되는 과정, 비용, 제3자의 관여, 비밀 보장에 대해 알려야 하고, 내담자/환자가 이에 대해 질문을 하고 답변을 들을 수 있도록 충분한 기회를 제공해야 한다(비밀 보장의 한계 논의 4.02, 비용과 재정 6.04 참조).

내담자의 지적 능력이나 연령, 정신 기능이 독립적으로 상담에 대한 동의를 할 수 없는 경우에는 그 보호자의 동의를 받아야 하며, 상담자는 내담자의 능력과 수준에 적합하게 상담에 대해 설명하고 이해를 시켜야 한다(APA, 2010). 보호자나 법적 대리인의 동의를 받아야 하는 경우는 미성년자, 심리적으로 독립해서 살 수 없는 성인, 지적 장애인, 심각한 정신질환자, 인지적 결함 등으로 인해 독립적이고 자발적인 의사결정에 어려움이 있다고 판단되는 경우이다.

아동이나 청소년 상담의 경우에 그 부모가 이혼을 했다면, 상담에 대한 동의를 받는 데 주의가 요구된다. 대체로 양육권이 있는 부모가 아동상담 동의권을 함께 가지고 있지만 상대방도 치료에 대한 결정과 동의권이 있을 수도 있고, 부모 둘 다 동의할 경우에만 치료를 시작할 수 있는 경우도 있기 때문이다. 그러므로 부모가 자녀의 상담에 대한 동의권이 있는지를 확인하고 그에 대한 문서를 요청하고 기록으로 보관해야 한다. 이는 법적 보호자가 있는 성인의 경우에도 유사하다. 상담자는 동의 능력이 없는 내담자를 상담할 경우에 그의 법적 보호자나 위임을 받은 자가 누구인지에 대해 상담을 시작하기 전에 확인하고 문서로 보관해야 한다(강진령, 2009).

아동이나 청소년을 포함한 미성년자나 성인이지만 독립적으로 동의 능력이 없는 내담자의 경우에 그들의 법적 보호자로부터 상담에 대한 동의를 받는 것도 중요하지만, 내담자들에게 상담에 대해 설명하고 이해를 시키고 동의를 받는 일도 중요하다.

예를 들어, 미성년 내담자의 상담에 대한 동의(consent)는 보호자인 부모가 하지만 아동이나 청소년 내담자에게 상담에 대해 설명하고 동의(assent)를 구할 필요가 있다. 이때 미성년자 내담자에게 얻는 동의는 법적 효력은 없지만 치료적인 차원에서 의미가 있다. 즉 상담자가 아동이나 청소년 내담자의 동의를 구하는 것은 내담자를 존중하고 상담에 대한 긍정적인 태도와 신뢰를 형성하게 함으로써 치료적 협력관계를 형성하도록 한다. 또한 법적으로 동의할 권한이 없거나 판단 능력이 부족하다 하더라도 충분히 상담에 대해 설명하는 것은 내담자를 존중하고 내담자의 복지를 위하고자 하는 기본적인 윤리 원리와 관련된다.

2) 상담 과정 및 상담자에 대한 질문

상담의 구조화는 상담의 접근법이나 상담의 과정에 대한 설명을 포함한다. 첫 시간에 내담자는 상담에 대해 궁금한 점이 많을 것이다. 내담자들에 따라서 과거에 받았던 상담과 다른 접근을 기대할 수도 있고, 상담을 처음으로 시작하는 내담자는 자신과 상담자의 역할에 대해 궁금해 할 수도 있다.

이론적 접근에 따라 상담자의 접근 방법을 알리는 정도나 상담자와 내담자의 역할이 조금씩 다를 수 있지만 내담자가 궁금해 할 때는 알려주고 내담자의 의견을 들어 보는 것이 바람직하며 내담자가 상담을 계속할지에 대해 자유롭게 결정할 수 있도록 해야 한다. 상담이라는 과정 자체가 내담자와 협력적인 관계에서 공동의 치료적 목표를 지향한다는 점에서 내담자의 상담 과정에 대한 이해와 동의는 중요한 역할을 한다.

예를 들어, 미국심리학회(APA) 윤리 규정은 충분히 검증되지 않은 치료적 접근을 사용할 때 내담자에게 잠재적 위험이나 대안적 방법들, 참여에 대해 자유롭게 결정할 수 있음을 알려주어야 한다고 규정하고 있다(APA, 2010).

마찬가지로, 상담에서 기도를 하는 등 종교적 또는 영적인 접근을 하는 것에 대해서 내담자의 동의를 먼저 얻을 필요가 있다. 상담자가 내담자의 종교나 신앙을 알고 있다고 해서 내담자가 자신의 상담에 종교적 또는 영적인 접근을 선호하리라고 생각하는 것은 상담자의 선입견일 수 있다. 내담자는 종교 기관에서 하는 종교 활동 이외에 상담에서조차 종교적 접근을 하는 것에 대해 부정적일 수도 있고, 자신의 문제를 종교적 의미로 지나치게 해석하는 것을 강화시킴으로써 정작 필요한 심리적 접근을 회피하게 될 수도 있다.

예를 들어, 미국기독교상담자협회에서는 상담자들이 상담에서 기독교적인 방식으로 영적인 방법을 사용하는 것을 내담자들이 원하거나 잘 받아들일 것이라고 기대하지 말 것과 그러한 방법을 사용하고자 할 때는 내담자에게 미리 알리고 동의를 구할 것을 명시하고 있다(AACC, 2014). 즉, 상담에서 하는 접근들을 내담자에게 미리 알리고 동의를 구하는 것은 내담자를 존중하고 보호하는 일이며, 성실하고 정직한 상담의 특성을 잘 드러내 주는 일이라 할 수 있다.

> **미국기독교상담자협회(AACC)**
>
> ES1-300: 기독교 상담에서 동의 – 성실성의 소명
> 1-330: 상담에서 성경적 영적 접근 사용
> 기독교 상담자들은 모든 내담자가 영적 유대 기독교적인 방법을 상담에서 드러내 놓고 사용하는 것을 원하거나 잘 수용할 것이라고 기대해서는 안 된다. 그러므로 내담자의 선택과 수용의 정도를 존중하고 그러한 요소들이 포함되는 시기와 방식에 대해 동의를 구해야 한다. 다음과 같은 것들을 포함하지만, 꼭 이런 활동들에만 제한되지는 않는다.
> (1) 내담자를 위한 기도 또는 함께 기도하기
> (2) 성경읽기와 인용하기
> (3) 영적 명상
> (4) 성경적 종교적 이미지나 음악 사용하기
> (5) 영성형성이나 영성훈련
> (6) 영성훈련의 방법으로 금식
> (7) 다른 영적 활동들

그 외에도 상담자의 자격이나 교육 및 전문적 경험 등에 대해서도 내담자가 궁금해 할 때는 알려 주어야 한다. 상담자를 소개받아 오는 내담자들은 상담자에 대해 잘 모르거나 잘못 알고 있는 경우도 있어서 상담자에 대해 질문을 하기도 한다. 이와 관련해서 사실 상담자들은 자신의 면허, 경험, 교육 등을 내담자들이 쉽게 찾을 수 있도록 홈페이지나 명함 등에 정확하게 알려야 한다. 이때 상담자는 자신에 대한 정보를 정확하게 명시해서 내담자들에게 혼란을 주지 않도록 노력해야 한다(APA, 2010). 예를 들어, 상담자가 임상심리학 박사라면 내담자는 상담자가 당연히 임상심리학자 또는 임상심리전문가 면허가 있다고 혼동할 수도 있다. 자신이 임상심리학 박사라고 해도 면허가 없다면 내담자가 혼동하지 않도록 밝힐 책임이 상담자에게 있다.

마찬가지로, 부부상담자, 가족상담자, 또는 집단상담자의 자격과 경험에 대해서도 내담자들에게 알릴 수 있어야 하고 내담자들에게 혼동을 주어서는 안 되며, 내담자들이 혼동을 할 경우에는 이를 바로 잡을 책임이 상담자에게 있다. 또한 수련생의 경우에도 반드시 자신이 전문가의 수퍼비전을 받고 있다는 점을 밝혀야 한다.

수련생들은 자신이 경험이 적은 상담자임을 밝히는 것이 내담자들로 하여금 상담자를 신뢰하지 않거나 치료적 관계를 형성하기 어려울 것이라고 생각하여 자신의 상태를 정확히 밝히는 것을 꺼려할 수도 있다. 그러나 수퍼비전을 받고 있는 상담자는 자신이 수련을 받고 있으며 수퍼바이저가 누구인지를 내담자에게 알려주어야 한다(APA, 2010).

이는 비밀 보장과 유능성 모두에 관련되며, 상담자의 책임감과 연관된다. 경험이 적은 상담자로서 내담자의 기대를 채우기 어려울 수는 있어도, 신뢰관계를 맺고 상담을 진행하게 되면 그러한 걱정은 얼마든지 해소될 수 있는 문제이다.

3) 부부, 가족, 집단상담

한 명의 내담자가 아니라, 부부나 가족 또는 집단상담과 같이 여러 명의 내담자를 상담할 경우에는 초기에 누가 내담자인지를 분명히 밝힐 필요가 있고, 상담자가 각 사람들과 어떤 역할과 관계에 처하는지를 논의해야 한다. 특히, 가족상담이나 집단상담의 경우에는 개인상담과는 다른 특성들에 대해서 설명해 줄 필요가 있다.

내담자들 서로 간의 개인정보에 대해 비밀 보장을 지킬 것, 내담자들 각자의 역할과 상담자의 역할, 상담의 목표가 개인이 아닌 가족이나 집단의 공동목표가 되는 점, 가족 또는 집단상담에서 일어날 수 있는 예상되는 일들에 대한 논의, 집단에 참여 또는 중단할 자유에 대한 설명 등에 대해 충분한 설명이 요구된다. 집단 참여자들에게 상담 첫 시간에 각자의 역할과 책임, 비밀 보장을 서로가 도의적으로 지켜 줄 것을 설명하고 그 중요성을 인식시키는 일은 내담자를 보호하는 측면에서 중요하다(APA, 2010; ACA, 2014).

이처럼 여러 명의 내담자에게 동의를 받을 때는 비밀 보장을 서로 지켜 주는 것을 요구하고 논의할 수는 있지만, 내담자들에게 비밀 보장의 윤리적 법적 책임이 따르는 것은 아니다. 즉, 여러 명의 내담자들에 대한 비밀 보장의 윤리적 법적 책임은 상담자에게 있다. 그러므로 내담자 수가 늘어나는 만큼 상담자의 책임과 부담은 더 커진다는 사실을 염두에 두어야 한다.

여러 명의 내담자와 상담할 경우에는 이후에 내담자들이 각자의 필요에 따라 상담 기록이나 증언을 요청하는 경우가 있다. 이런 경우에는 상담 초기에 역할과 책임에 대해 설명하고 동의를 받아두면 미리 예방하는 데 도움이 된다. 예를 들어, 부부상담을 한 내담자들이 이후에 이혼을 하게 되면 상담자를 증인으로 법정에 세우고자 하는 목적으로 상담을 이용하지 않도록 설명하고 상담자가 그러한 역할을 하지 않을 것임을 상담 초기에 미리 언급하고 내담자들의 동의를 구할 수 있다.

또는 가족상담이나 집단상담에 참여한 내담자가 자신의 치료 기록을 요구할 때, 상담자는 다른 참여자의 정보를 배제하고 해당 내담자의 기록에 대해서만 정보를 제공해야 한다. 왜냐하면 가족상담이나 집단상담 후 내담자들의 사적 또는 치료적 정보는 허락 없이 다른 구성원에게 공개될 수 없기 때문이다. 즉 상담자는 모든 내담자의 사적 정보와 권리가 보호되도록 최선을 다해야 하며 상담의 초기에 이러한 일들이 사전 동의를 받는 과정에서부터 시작한다는 점을 인식해야 한다.

4) 상담의 중단

상담을 시작하고 나서 부득이한 상황으로 인해 도중에 상담이 중단되는 경우가 종종 있다. 상담이 중단되는 이유는 크게 상담자 요인과 내담자 요인으로 인해 발생한다.

상담자 요인으로는 상담자가 소속되어 있는 기관과의 계약이 종료되어 기관을 떠나는 경우, 이직, 퇴직, 질병, 죽음 등의 사정으로 인해 발생하는 경우들이다. 이때 상담자는 자신이 상담하던 내담자의 사적 정보 보호와 계속적 돌봄을 위해 기관이 적절하게 후속 조치를 할 수 있도록 해야 한다. 예를 들어, 내담자가 계속해서 상담을 받을 수 있도록 기관 내의 다른 상담자에게 의뢰하고 모든 기록을 잘 전달하는 일이 필요하다. 그래서 내담자가 상처를 받지 않도록 주의를 기울여야 하고, 상담자가 떠나는 일로 인해서 상담이 중단되지 않도록 충분한 설명과 양해를 구하고, 다음 상담자와 연결이 잘 되도록 최선을 다해야 한다. 상담자는 내담자 입장에서 상담자가 바뀌면 내담자에게 여러 가지 어려움과 부담을 준다는 점을 인식함으로써 상담 중단이 예상될 때에는 세밀한 준비와 책임감을 가지고 임해야 한다.

상담자의 계약 기간이 정해져 있다면 처음부터 내담자와 상담할 수 있는 기간을 예상할 수 있기 때문에 그에 따른 계획을 해야 한다. 예를 들어, 계약 기간의 종료가 가까워 올 때는 새로운 상담을 시작하지 않아야 한다. 이와는 다르게 상담자의 계약 기간과는 상관없이 상담자가 질병이나 죽음으로 인해 갑자기 상담이 종료되는 경우도 발생한다. 상담자의 부재시 자료 보관에 대한 준비를 전문 유언과 같은 형태로 미리 작성해 두거나, 다른 상담 기관이나 상담자에게 자료를 위임하는 절차에 대해 미리 계획을 세워둠으로써 내담자의 정보가 보호되도록 최선을 다해야 한다.

상담이 중단되는 내담자의 요인은 내담자가 상담을 더 이상 원하지 않아서 오지 않는 경우를 제외하고, 이사를 가거나, 보험회사에서 비용지불에 한계가 발생하거나, 개인적인 재정 상태에 변화가 생겨 재정적인 어려움이 발생하는 경우일 것이다. 이러한 상황들이 발생할 경우에 상담자는 내담자의 최상의 복지를 고려하여 법적인 범위 내에서 가능한 서비스를 계획해 줌으로써 적절한 보호를 할 수 있다(한국심리학회, 2016).

즉, 내담자가 이사 가는 지역에서 계속해서 상담을 받을 수 있도록 상담자를 소개할 수도 있고, 재정적인 어려움이 발생했을 때 상담비용을 어느 정도 낮추어 주거나, 재정적 어려움이 지속될 경우에 저렴한 비용으로 상담을 받을 수 있는 곳을 소개해 줌으로써 내담자를 최선을 다해 돌보는 역할을 할 수 있어야 하겠다.

한국심리학회(KPA)

제63조 (치료의 중단)
심리학자는 자신의 질병, 죽음, 연락 두절, 전근, 퇴직 또는 내담자/환자의 이사나 재정적인 곤란 등과 같은 요인으로 심리학적 서비스가 중단될 경우에 대비하여, 내담자/환자에 대한 최상의 복지를 고려하고, 법적인 범위 안에서 이후의 서비스를 계획해 주는 적절한 조치를 취하는 노력을 하여야 한다.

5) 상담의 종결

　상담을 종결하는 경우는 상담 목표가 효과적으로 달성되었거나, 상담을 지속해도 별다른 효과가 없다고 판단되거나, 아니면 내담자나 그와 연관된 사람으로부터 상담자가 위협을 느낄 때이다(APA, 2010). 상담 목표가 달성되었을 때는 상담자가 점차적으로 상담의 횟수를 줄여 가며 내담자와 함께 종결에 대해 논의를 하고, 내담자가 상담 이후 스스로 문제를 해결해 가도록 준비시키고, 상담 이후에 일어날 수 있는 일들에 대비하도록 도와주어야 한다.

　때로는 내담자가 목표를 달성한 이후에도 상담을 계속해서 유지하고 싶어 하는 경우도 있다. 상담자는 내담자가 상담자를 지나치게 의존하고 불필요하게 상담관계를 유지하지 않도록 해야 한다. 더구나 내담자가 비싼 상담료를 내고 있는 경우에는 상담자도 종결을 회피할 수도 있다. 그러나 상담의 종결에 대한 윤리적 입장을 따를 수 있어야 하며 이는 상담자의 정직과 성실성에 관련된다.

　그 외에도 상담을 해도 변화가 없거나 내담자가 상담을 통해 유익을 얻지 못한다고 판단될 때는 다른 상담자에게 의뢰하거나 다른 접근을 시도해 보도록 권면할 필요가 있다. 이때도 마찬가지로 상담 효과가 없는데도 상담자는 경제적인 이유로 인해 상담을 계속 유지하려고 해서는 안 된다.

　또 다른 경우는 내담자 또는 그와 관련된 사람이 상담자를 위협하거나 위험을 불러일으킬 소지가 있다면, 상담을 종결하여 스스로를 보호해야 하며, 이러한 상황에 대해 문서로 기록해 둘 필요가 있다. 예를 들어, 가정 폭력 피해자를 상담할 경우 가해자가 상담자를 위협할 수도 있다. 이때는 내담자에게 알려서 상담을 종결하고 다른 안전한 방법으로 내담자가 도움을 받을 수 있도록 제안할 수 있다. 또는 내담자가 상담자를 고소하거나 위협하는 경우에도 상담을 종결하고 상담자 스스로를 보호해야 한다. 내담자의 안전을 보호하는 일도 중요하지만, 상담자는 자신의 안전을 지킬 수 있어야 하며 비상시를 대비해서 대처 방안을 마련해 두어야 한다.

미국심리학회(APA)

10.10 치료의 종결
(a) 심리학자는 내담자/환자가 더 이상 심리학적 서비스를 필요로 하지 않거나, 도움이 되지 않거나, 계속 유지할 경우 피해를 입을 것이 분명할 경우에는 치료를 종결한다.
(b) 심리학자는 내담자/환자 또는 그와 관련된 제3자로부터 위협을 받거나 위험에 처하게 될 경우에는 치료를 종결할 수 있다.
(c) 내담자/환자 또는 제삼의 지불인에 의해 금지된 경우를 제외하고는 심리학자는 종결에 앞서 종결예비 상담을 제공하고 필요할 경우 적절한 대안 서비스를 제안한다.

---

2. 상담·심리치료의 기록과 보관

1) 치료 내용 기록

기록은 내담자와 상담자 모두를 위해 필요하다. 상담자가 자신의 치료 내용을 기록함으로써 상담을 효과적으로 진행할 수 있고, 법적인 문제가 생겼을 때 증거 자료가 되며, 보험회사와 같은 비용 지불을 위해 기록이 필요하다. 또한 내담자가 다른 전문가로부터 서비스를 받을 경우에 정확한 정보를 제공하기 위해 필요하며, 연구를 위해 기록이 사용될 수 있기 때문이다(Knapp, et al., 2017; APA, 2010; APA, 2007).

　기록의 목적은 일차적으로 내담자의 사적 정보를 보호하고 내담자를 더 잘 돌보기 위함이다. 기록에는 내담자의 기본 인적 사항뿐 아니라, 심리검사 결과, 진단, 치료 계획과 방법, 치료 내용이 담겨 있기 때문에 상담자가 이전 상담 내용을 기억하고 일관되게 내담자를 치료하는 데 반드시 필요하다. 이러한 내담자의 정보와 치료 기록은 법적 윤리적으로 요구되고 있으며 정확하게 기술되어야 한다(APA, 2010). 상담 기록을 어느 정도로 상세하게 작성하는가는 기관이나 상담자마다 다를 수 있으므로 기관에서 정해 놓은 규칙을 따라야 한다(Knapp, et al., 2017).

　상담자는 내담자와의 모든 접촉에 대해 그 방법과 내용을 기록할 법적 윤리적 의무가 있다. 기록의 또 다른 목적은 법적인 문제가 발생할 경우 정확한 정보를 제공하도록 하여 상담자를 소송으로부터 지키기 위해 필요하다. 극단적인 예로, 내담자가 자살 위험을 알리기 위해 상담자에게 연락했고 상담자가 적절한 조치를 취했는데, 그 일이 있은 지 한참 지난 후에 내담자가 자살하고 가족이 상담자를 고소할 경우를 생각해 보자. 이 상황에서 상담자가 내담자의 위기를 적절하게 관리했음을 증명할 수 있는 것은 기록뿐일 수도 있다. 이처럼 치료 기록은 법적인 문제가 발생할 경우에 증거 자료로 사용되기도 한다.

　상담 기록은 제3자에게 비용 지불을 요청해야 할 경우에 필요하다. 비용 청구를 할 때는 상담 서비스를 받은 날짜와 진단 등에 대한 기록이 요구된다. 때로는 내담자가 상담 서비스의 비용을 지불하지 못하거나 하지 않는 경우도 발생한다. 그럴 때 상담자는 내담자가 이전에 비용을 지불하지 않았다 하더라도 내담자가 응급 치료를 받기 위해 기록을 요구하면 거부해서는 안 된다(APA, 2010).

내담자는 자신의 상담 기록을 열람할 권리가 있다. 미국의 경우에는 '환자의 건강보험 양도 및 책임에 관한 법률'(Health Insurance Portability and Accountability Act: HIPAA)과 주 법률 규정 간에 열람의 정도에 대해서 다소 차이를 보인다. HIPAA의 사생활 보호에 관한 법률은 상담 회기 노트 이 외의 모든 기록의 정보를 열람할 수 있다고 한 반면, 주정부는 내담자들이 상담 노트까지 열람할 수 있도록 규정하고 있어서 주 법률 규정이 더 우위를 차지하고 있다.

이 경우에 물론 내담자의 상담 노트가 내담자에게 해를 입히지 않을 경우에만 해당된다. 즉, 내담자가 상담자의 상담 노트를 보고 해를 입을 것 같으면, 상담 노트를 열람하지 않도록 해야 한다. 상담 노트를 공개하는 것이 유익한 경우가 아니라면 상담 노트의 요약을 보여 주는 방식을 선택할 수 있다.

또한, 상담 노트를 공개하더라도 상담자가 그에 대한 설명이나 해석을 할 수 있기 위해 함께 있는 자리에서 공개하는 방법도 있다. 이처럼 상담자는 상담 노트를 정확하고 객관적으로 작성하는 것이 윤리적일 뿐 아니라, 내담자 또는 다른 전문가가 상담 기록을 볼 수 있다는 전제하에 상담 기록에 민감하게 주의를 기울여야 하며, 상담에 대한 접근이나 방법이 일관되고 합리적이도록 기술해야 한다(Knapp, et al., 2017; Sanders, 2013).

2) 치료 기록의 보관 및 유지

상담자는 기록을 정확하게 작성할 뿐 아니라 보안 유지를 위해 기록을 통제하고 관리하는 것까지 책임을 져야 한다. 내담자의 기록을 아무나 열람할 수 없고 기록이 보관된 장소나 서랍은 안전하게 잠겨 있어야 한다. 이러한 보안을 위한 노력은 상담 노트와 같은 치료 기록뿐 아니라 이메일, 전화, 팩스 등의 방법으로 내담자와 연락을 주고받을 때도 적용된다.

예를 들어, 이메일로 연락을 주고받을 때는 상담 예약이나 약속 변경 등과 같은 비교적 간소한 내용으로 제한을 하거나, 만약의 경우에 대비하여 내담자의 개인정보가 오고 가지 않도록 노력해야 한다. 뿐만 아니라 이메일로 연락할 때는 항상 비밀 보장에 관한 안내 문구를 사용하여 실수로 다른 사람에게 이메일이 보내질 경우 그 사실을 상담자에게 알리거나 잘못 보내진 이메일을 삭제해 달라고 알리는 방법이 있다. 특히 미국에서는 '환자의 건강보험 양도 및 책임에 관한 법률'에 따라 상담자들이 내담자의 의학 및 건강 정보 기록의 관리, 비밀 보장, 전자 방식으로 정보를 교환할 때의 비밀 보장 등에 관한 규정들을 따르도록 하고 있다(APA, 2007).

치료 기록을 얼마나 오랫동안 보관해야 하는지에 대한 규정은 정부 기관이나 학회, 협회마다 다르다. 특히 미국의 경우는 주마다 그 규정이 다르다. 그러므로 상담자 자신이 속해 있는 주나 정부의 규정을 따르고, 또한 소속 학회의 규정을 준수하는 방향으로 기록 보관 기간을 지켜야 한다. 한국심리학회는 심리학적 서비스의 기록을 최소한 10년 이상 보관하도록 규정하고 있다(한국심리학회, 2016).

반면 미국심리학회는 성인의 경우에 마지막 서비스를 받은 날로부터 7년 동안, 아동의 경우는 성인이 된 이후부터 3년까지(21세) 자료를 보관하되 이 둘이 겹칠 경우에는 더 장시간 보관하는 것을 원칙으로 한다(APA, 2007). 예를 들어, 일반적 성인 내담자의 자료는 상담을 종결한 날로부터 7년 동안 보관을 하면 된다. 그런데 10세 아동의 상담 기록은 21세까지 보관하게 되어 있어 총11년 동안 보관해야 하고, 17세 아동의 자료는 21세까지 보관하면 4년 동안 보관되기 때문에 더 오래 보관하는 것이 우선이므로 7년이 적용되어 24세까지 보관해야 한다.

하지만 이러한 규정은 주마다 달라서, 예를 들어, 캘리포니아의 경우 상담 기록은 어른의 경우에 7년은 미국심리학회 규정과 동일하지만, 아동의 경우 성인이 된 이후 7년 동안 보관해야 한다(California Board of Psychology, 2017). 즉, 캘리포니아 주에서는 아동의 치료 기록을 25세까지는 자료가 보관되어야 하므로 상담자가 기록 보관에 대해 주의를 기울여야 한다. 반면에 HIPAA의 규정은 기록이 처음으로 시작된 시점부터 6년을 규정하고 있어서 법 규정 간에도 상충되는 점이 있다(California Medical Association, 2008; U.S. Department of Health & Human Services, 2002). 이처럼 규정이 서로 다를 때에는 소속된 지역의 법 규정을 우선시하되, 소속 학회나 기관의 규정도 고려하여 더 엄격한 규정을 준수하는 것이 안전하다.

미국심리학회는 일반 윤리 규정 이외에 별도로 기록 보관에 대한 지침으로 13가지를 제안하고 있다(APA, 2007). 이 지침에 의하면 상담자는 기록의 생성과 유지, 보관, 이양, 폐기 등 전 과정에 걸쳐서 책임 있게 문서를 관리하고 통제해야 함을 알 수 있다.

미국심리학회 기록 보관 지침

1. 기록에 대한 책임: 심리학자는 기록을 유지하고 보관할 책임이 있다.
2. 기록의 내용: 심리학자는 법에서 요구하는 대로 정확하고 당시 상황에 적절한 전문적 서비스에 대한 기록을 유지하기 위해 노력해야 한다. 기록은 심리적 서비스의 특성, 전달 방식, 진행, 결과, 비용을 포함한다.
3. 기록의 비밀 보장: 심리학자는 서비스 제공과 관련된 정보의 비밀 보장을 지키고 유지하기 위해 합리적 조치를 취한다.
4. 기록 보관 절차 공개: 적절한 경우에 심리학자는 내담자에게 기록 보관 절차의 성격과 정도를 알려준다.
5. 기록의 유지: 심리학자는 기록을 정확하게 조직하고 유지하고 심리학자나 다른 사람이 합법적으로 기록을 사용할 수 있도록 한다.
6. 안전: 심리학자는 허락 없이 기록에 접근, 손상, 파손하려는 것으로부터 기록을 보호하기위한 적절한 조치를 취한다.
7. 기록의 보유: 심리학자는 관련 법률 및 규정을 알고 법적, 제도적, 윤리적으로 요구되는 기간 동안 기록을 유지하려고 노력한다.
8. 기록의 맥락 보존: 심리학자는 기록이 만들어진 상황적 맥락과 그 맥락이 기록의 내용에 미치는 영향에 대해 주의한다.
9. 전자 기록: 전자 기록은 종이 기록과 마찬가지로 보안, 정직, 비밀 유지, 적절한 접근, 적용 가능한 법적 및 윤리적 요구 사항을 준수하는 방식으로 만들어지고 유지되어야 한다.
10. 기관 내 기록 보관: (병원, 학교, 지역기관, 감옥 등) 기관에서 일하는 심리학자는 기록 보관에 관한 기관의 절차와 APA 윤리 규정 둘 다 준수해야 한다.
11. 여러 내담자 기록: 심리학자는 부부, 가족, 집단치료를 할 때 모든 내담자의 사생활 보호와 비밀 보장을 위해 문서화하는 절차에 주의를 기울여야 한다.
12. 재정 기록: 심리학자는 재정적 기록의 정확성을 추구해야 한다.
13. 기록 폐기: 심리학자가 더 이상 기록을 직접 통제하지 않고 폐기하고자 할 때 치료의 연속성과 기록에 대한 적절한 접근을 보장하기 위해 기록 이양에 대한 계획을 세운다. 그리고 비밀이 유지되고 자료의 재생을 막을 수 있는 방법을 사용하여 폐기한다.

3. 상담·심리치료의 비용

1) 비용 문제

　비용은 내담자 입장에서 상담을 시작할지 또는 지속할지를 결정하는 데 있어서 중요한 요인이 되기 때문에 상담자가 비용을 자신의 자격과 경험에 적합하게 책정해야 하며, 비용에 대한 정확한 표현을 할 수 있어야 한다. 비용에 대한 상담자의 윤리는 상담자의 정직성과 성실성의 윤리 원리에 기초하고 있다. 또한 내담자에게 비용과 관련된 어려움이 발생했을 때에도 내담자의 돌봄과 보호를 위해 상담자는 여러 가지 대안들을 고려함으로써 궁극적으로 내담자의 유익을 위하고 해를 입히지 않으려는 윤리 원리를 따르는 노력이 필요하다.
　상담에서 내담자에게 비용을 알리는 것은 상담을 시작하기 전이나 시작하는 첫 시간에 이루어져야 할 필요가 있다. 상담자는 서비스에 적절하게 그리고 지역 동료들에게 피해를 주지 않는 범위 내에서 적정 비용을 책정할 뿐 아니라(ACA, 2014; 한국복음주의상담학회, 2014), 내담자가 치료비용을 잘못 알고 시작하지 않도록 가능한 한 일찍 비용에 대해 언급해야 한다(APA, 2010; 한국심리학회, 2016).
　내담자들은 상담비용에 대해 무료이거나 저렴한 비용을 생각하고 상담 예약을 하는 경우도 있어서 상담을 처음 문의할 때 미리 상담비용에 대해 안내를 하는 것이 내담자로 하여금 상담을 시작할지를 결정하는 데 도움이 된다. 그러나 이러한 비용에 대한 오해를 상담자가 일으켜서는 안 된다. 즉, 치료 비용에 대해 상담자가 내담자를 오도하지 않도록 정확히 밝혀야 한다.

> **한국심리학회(KPA)**
>
> **제67조 (치료비)**
> 1. 심리학자와 내담자/환자는 가능한 빨리, 치료비 관련 문제에 대해 논의하고 합의한다.
> 2. 심리학자는 치료비에 대하여 허위 진술을 하지 않는다.
> 3. 재정적인 한계로 인하여 서비스의 한계가 예상될 경우, 이 문제를 내담자/환자와 가능한 빨리 논의한다.
> 4. 내담자가 동의했던 서비스에 대한 치료비를 지불하지 않을 경우나 심리학자가 치료비를 받아 내기 위하여 법적인 수단을 이용하려고 하는 경우, 심리학자는 그러한 수단이 취해질 것임을 내담자에게 먼저 통지하여 신속히 지불할 기회를 준다.

> **한국복음주의상담학회(KECS)**
>
> D. 책임과 비용
> 2. 비용
>   1) 기독교 상담가 자신의 판단과 재량으로 무료 상담을 실시할 수 있다.
>   2) 유료 상담인 경우 비용은 내담자의 재정 상태를 고려하여 책정하되, 상담 초기 내담자에게 알려주고 상담을 실시하도록 한다.
>   3) 지역적 특성을 고려하여 상담비용의 적정선을 책정하고, 동일 지역 다른 상담자에게 피해를 주지 않는 범위 내에서 적정선을 유지한다.

대부분의 상담자는 일정 부분은 내담자의 수입을 고려하여 비례적으로 비용을 적용해 줌으로써 비용에 대한 부담을 낮춰 주는 정책을 가지고 있다. 그러나 이에 대해 윤리 규정으로서 언급하고 있는 것은 미국기독교상담자협회이다(AACC, 2014). 종종 상담 진행 중에 갑자기 비용을 지불하기 어렵게 되는 경우도 발생하는데, 이때는 내담자와 함께 의논을 해서 상담이 지속되도록 하기 위한 방안을 함께 탐색해 보고, 내담자의 경제 사정에 적합한 기관을 소개할 수도 있다. 비용 지불이 어렵게 되었다고 갑자기 상담을 중단하는 것은 응급한 상황에 처해 있거나 문제가 심각한 내담자에게는 해가 될 수도 있기 때문에 이를 염두에 두고 임해야 한다.

내담자가 상담비용을 현금으로 지불하기 어렵고 대신 물물교환이나 상담자에게 서비스를 제공하는 것으로 대신하는 경우가 미국에서는 허용이 된다. 그러나 이런 방식으로 서비스를 물물교환의 형태로 지불하고자 할 경우에는 치료 목적과 모순되지 않아야 하고, 상담자가 부당하거나 불공정하게 내담자를 착취하지 않아야 함을 전제로 한다(ACA, 2014; APA, 2010). 그러므로 서비스로 상담비용을 대신할 때는 이중관계를 경계해야 하고, 상담관계를 손상하지 않는 범위 내에서 해야 한다.

미국상담학회(ACA)

A.10.e 물물교환
상담자는 관계가 착취적이거나 해로운 것이 아니고, 내담자가 원하고, 이러한 합의가 그 지역의 전문가들 사이에서 수용되는 경우에만 물물교환을 할 수 있다. 상담자는 물물교환의 문화적 의미를 고려하고 관련된 문제를 내담자와 의논하고 계약서에 분명하게 동의 내용을 기록한다.

내담자가 아닌 제3자가 비용을 지불할 경우에 제공된 서비스에 대해 정확하게 보고해야 하는 것은 상담자의 윤리적 책임이다. 예를 들어, 보험회사에서 비용을 지불할 때 상담자가 서비스 특성(상담, 심리검사, 자문 등), 금액, 진단, 상담받은 날짜, 장소 등에 대해 정확하고 거짓 없이 보고해야 한다. 보험회사가 조사를 하는 경우는 드물기 때문에 상담자가 자신이 제공한 서비스를 부풀리거나 하지 않은 서비스를 포함

하는 등의 잘못을 저지르는 것은 사기 행위에 해당한다. 이러한 윤리는 상담뿐 아니라 심리검사나 연구에서도 마찬가지이다. 외부로부터 재정 지원을 받는 연구를 수행하거나 프로젝트를 할 때에도 비용 청구를 위해 필요한 내용을 정확하고 정직하게 보고하는 윤리가 필요하다(APA, 2010).

제9장
심리검사와 평가

　버소프(Bersoff)와 동료들(2012)은 심리학자의 역할의 삼위일체는 심리학적 평가, 치료적 개입, 연구라고 보았다. 그만큼 심리학자의 역할 중에 심리검사와 평가가 차지하는 비중이 크다. 심리학적 평가는 개인, 학교, 병원, 회사, 공공기관, 종교기관, 법원, 군대 등 우리 사회의 매우 다양한 영역에서 널리 활용되고 있다. 개인의 성격이나 지능검사에서부터, 특수교육 수혜 자격요건을 위한 평가, 법원 판결을 돕기 위한 평가, 의학적 치료를 받을 수 있는지 결정하기 위한 평가 등과 같이 심리학적 평가는 그 결과가 가져올 수 있는 유익이 매우 큼과 동시에 평가가 잘못 사용될 경우에 발생할 수 있는 위험성도 내포하고 있다(Kitchener & Anderson, 2011).

　예를 들어, 심리검사 결과로 인해 직장을 얻을 수도 있고 잃을 수도 있고, 재판에서 이길 수도 있고 질 수도 있고, 지능 지수는 개인의 능력에 대한 일종의 꼬리표를 만드는 일이 될 수도 있다. 이처럼 심리검사와 평가의 영향력이 크기 때문에 심리학자와 상담자들은 이를 사용함에 있어서 매우 신중해야 하고 윤리적 책임감이 막중하다는 사실을 늘 인식해야 한다.

표 11. 심리검사·평가에 관한 미국과 한국 학회들의 윤리 규정 비교

미국심리학회(APA)	한국심리학회(KPA) 한국임상심리학회(KCPA)
9. 평가 9.01 평가의 기초 9.02 평가의 사용 9.03 평가에서 사전 동의 9.04 검사 자료의 공개 9.05 검사 구성 9.06 검사 결과의 해석 9.07 무자격자에 의한 평가 9.08 오래된 검사와 오래된 검사 결과 9.09 검사 채점과 해석 서비스 9.10 평가 결과 설명 9.11 검사의 보안 유지	제7장 평가 관련 윤리 제49조 평가의 기초 제50조 평가의 사용 제51조 검사 및 평가 기법 개발 제52조 평가에 대한 동의 제53조 평가 결과의 해석 제54조 무자격자에 의한 평가 제55조 사용되지 않는 검사와 오래된 검사 결과 제56조 검사 채점 및 해석 서비스 제57조 평가 결과 설명 제58조 평가서, 검사 보고서 열람 제59조 검사 자료 양도
미국상담학회(ACA)	한국상담심리학회(KCPA) 한국기독교상담심리치료학회(KACCP)
E. 평가, 사정, 해석 E.1. 일반 E.2. 평가 도구 사용과 해석의 유능성 E.3. 평가에서 사전 동의 E.4. 자격을 갖춘 전문가에게 자료 공개 E.5. 정신 장애의 진단 E.6. 도구 선택 E.7. 평가 시행 조건 E.8. 평가에서 다문화 이슈와 다양성 E.9. 평가의 채점과 해석 E.10. 평가의 보안 E.11. 오래된 평가와 오래된 검사 결과 E.12. 평가의 구성 E.13. 법정 관련 평가, 법적 절차를 위한 평가	7. 심리검사 가. 기본 사항 나. 검사를 사용하고 해석하는 능력 다. 사전 동의 라. 유능한 전문가에게 정보 공개하기 마. 검사의 선택 바. 검사 시행의 조건 사. 검사 점수화와 해석, 진단 아. 검사의 안전성

한국복음주의상담학회(KECS)	미국기독교상담자협회(AACC)
F. 심리검사 수행 및 해석 1. 수행 2. 해석	ES3-200: 검사, 평가, 임상적 평가 210 일반적 변수

1. 심리검사자의 자격과 유능성

1) 심리검사자의 자격

 심리학자나 상담자가 심리검사를 시행하기 위해서는 검사를 실시할 수 있는 적절한 자격을 갖추어야 한다. 왜냐하면, 심리검사를 통해 개인의 능력과 특성을 평가하는 일은 한 사람의 인생에 크고 중요한 영향을 미치는 매우 민감한 문제이기 때문이다. 심리학자나 상담자의 전문적인 서비스가 전문성과 객관성, 정확성을 요구하는 경우가 대부분이지만, 그 중에서도 특히 심리검사와 평가는 더 까다롭고 표준화된 절차에 대한 이해와 훈련이 요구된다.
 예를 들어, 상담 회기 중에 상담자가 내담자의 행동을 잘못 해석하거나 최적의 치료 개입의 때를 놓치고 그 회기를 마치고 난 후 실수나 부족을 발견하는 경우가 종종 일어난다. 이러한 현상은 대학원생이나 수련 중에 있는 상담자에게는 흔하게 발생하는 일이다. 이러한 경험을 통해 상담자는 상담 기술을 재점검하고 다시 다음 회기에 적절하게 대처할 수 있게 된다. 그러나 심리검사는 이러한 실수가 용납되기 어려운 면이 있다. 심리검사를 표준화된 절차와 방법으로 시행하지 못했을 때 다시 검사를 하기 어려운 경우가 많다.

특히 지능과 같이 개인의 능력을 측정하는 검사의 경우에는 연습효과가 있기 때문에 같은 검사를 다시 시행하는 것은 검사 결과의 신뢰성을 손상시킬 수 있다. 이처럼 심리검사를 사용하는 경우에 검사자가 해당 검사의 시행과 해석 등에 대한 교육과 훈련을 주의 깊게 받아야 한다.

이러한 심리검사의 예민한 특성 때문에 검사 발행인은 검사를 구매하는 사람의 자격조건을 조사한다. 즉, 검사를 구매하는 사람의 해당 검사에 대한 교육, 수련, 경험, 학위, 면허(license), 자격(certificate) 등을 요구하고 확인하는 것이 필요하기 때문이다(Bersoff, et al., 2012). 심리검사를 구매하는 것뿐 아니라 실시하는 데 있어서도 자격이 요구된다. 나아가 심리학자들은 자격 없는 사람이 검사를 오용하는 것으로부터 검사 자체뿐 아니라, 그로 인해 피해를 입을 대중을 보호할 윤리적 책임이 있다(APA, 2010). 특히 자신이 수퍼비전을 하고 있는 경우에는 수련생의 검사 사용에 대해서도 책임을 져야 한다(ACA, 2014).

앞서 유능성 영역에서 다루었듯이, 심리학자는 서비스를 제공하고, 가르치고, 연구를 수행함에 있어서 자신이 받은 교육, 훈련, 수련, 자문, 연구, 또는 전문적 경험에 적합해야 한다(APA, 2010). 심리검사와 평가 서비스를 제공하는 사람의 자격도 이러한 유능성의 윤리에 근거한다고 볼 수 있다. 본인이 교육과 훈련, 수련, 연구, 경험 등으로 적합한 유능성을 갖추고 있는 분야의 검사와 평가를 수행할 수 있다.

예를 들어, 아동의 발달장애 진단과 평가에 자격과 경험을 갖춘 아동심리학자가 한 번도 해 보지 않은 양육권 평가를 수행하는 것은 자신의 유능성의 범위를 벗어나는 일이다. 이처럼 심리학자는 심리검사 서비스를 제공하고자 할 때 자신의 자격과 유능성에 적합한 영역에 한정함으로써 내담자와 대중을 보호할 수 있다. 또한 새로운 영역에 대한 서비스를 제공하고자 할 때는 그에 대한 교육과 수련 및 수퍼비전을 필수적으로 받아야 한다.

미국의 경우에 검사 사용자의 자격에 대한 지침은 검사 사용자 자격에 관한 특별조사위원회(Task Force on Test User Qualification)에서 크게 두 가지로 요약하였다(Turner, et al., 2008).

① 대부분의 전형적인 심리검사를 사용하는 데 기초가 되는 일반적인 심리측정에 대한 지식과 기술에 관한 것이다.
② 특수 상황이나 목적에 맞는 검사를 책임 있게 사용할 수 있는 구체적인 자격이다.

일반적으로 요구되는 심리측정에 대한 지식과 기술은 통계학, 신뢰도와 측정의 오류에 대한 지식, 타당도와 검사 점수의 의미에 대한 이해, 검사 점수의 규범적 해석, 적합한 검사를 선택할 수 있는 지식, 검사를 실시하는 절차에 대한 지식, 검사에 영향을 미치는 다양한 변인들(윤리, 인종, 문화, 성별, 연령, 언어 등)에 대한 이해, 장애를 가진 사람들에 대한 검사, 심리검사에 관한 수퍼비전을 받은 경험 등이다(Turner, et al., 2008). 이처럼 비교적 간단해 보이는 심리검사라 하더라도 그에 관련된 배경지식을 갖추고 있는지는 심리검사를 선별하고 실시하고 해석하는 데 있어서 매우 중요한 요소가 된다.

그 외에 특수한 상황들 즉, 고용기관, 교육적 상황, 직업과 진로 상담, 건강의료 분야, 법정과 같이 특수한 상황에서 요구되는 심리검사와 평가를 하기 위해서는 별도의 자격이 요구된다.

가장 먼저 검사자는 각각의 특수한 상황에서 요구하는 검사의 목적을 충분히 이해해야 한다. 이러한 검사의 목적은 대체로 정신장애의 분류나 진단을 하기 위해서, 개인 또는 집단/조직의 강점과 약점을 파악하고 설명하기 위해서, 예측이 필요한 경우(예, 수능 성적이 대학 성적이나 성취도 예측할 수 있는지), 치료적 개입을 계획하기 위해서, 심리학적 특성의 변화가 있는지를 측정하기 위해서 등이다. 그러므로 각 특수 상황의 목적과 그와 관련된 검사에 대한 적합한 지식과 기술을 가지고 있어야 한다(Turner, et al., 2008).

그러므로 검사자는 일반적으로 요구되는 심리검사와 평가에 대한 지식과 기술뿐 아니라, 자신이 검사를 사용하는 특수한 상황에 대한 지식과 기술을 별도로 갖추기 위해 그에 필요한 수련과 수퍼비전을 받았는지가 검사 사용자의 자격으로 요구된다.

심리검사와 평가에 대한 유능성의 기준이 미국과 한국 간에 차이가 있다. 미국에서는 박사 학위를 받고 심리학자 면허를 받은 전문가 외에 심리검사를 실시하고 사용하는 경우는 매우 드물다. 학교와 같은 교육 장면에서는 석사 학위를 받은 학교 심리학자들이 심리검사를 실시하지만, 교육적 목적에 필요한 심리검사에 한정되어 있다. 그 외 미국에서 결혼가족치료사나 사회복지사, 또는 기독교/목회상담사 등은 치료에 필요한 간단한 검사 외에는 심리검사를 실시하지 않도록 하고 있다.

물론, 그들이 심리검사를 사용하는 데 있어서 심리학자의 수퍼비전을 받고 있는 경우에는 허용이 된다. 이는 한국의 경우에는 석사 학위를 받은 상담사들이 심리검사를 사용하는 데 있어서 제한이 없는 것과는 사뭇 다른 현상으로, 심리검사자의 자격과 유능성에 대해 미국과 한국이 각기 다른 기준을 적용한다고 볼 수 있다.

2) 평가 도구의 선택

심리검사와 평가 도구를 선택하고 사용할 때 심리검사자는 세심한 주의를 기울여야 한다. 심리검사와 평가 도구를 선택하는 데 있어서 검사를 의뢰한 목적에 적합한지, 가장 최근의 연구에 의해 검증되고 개정된 검사인지, 타당도와 신뢰도가 구축되어 있는지, 문화적으로 민감한 검사인지 등을 고려해야 한다(APA, 2010; ACA, 2014).

대부분의 심리검사는 수년이 지나면 축적된 연구를 바탕으로 개정이 되기 때문에 가장 최근의 개정판을 사용해야 한다. 만약 그러지 못할 경우에는 그에 대한 정당한 이유를 밝힐 수 있어야 한다(Bersoff, et al., 2012). 즉, 심리검사자는 자신이 특정 심리검사를 선택하고 사용하고 해석하는 전반에 걸쳐서 합리적이어야 하며, 의뢰인(환자, 가족, 변호사, 의사, 법원 등)으로부터 검사에 대한 설명을 요구받을 때 합리적 절차를 정당하게 설명할 수 있어야 한다.

검사를 선택할 때는 한 가지 검사에만 의존하기 보다는 여러 심리검사를 함께 고려해서 사용하고, 인터뷰에서 얻은 정보와 통합하고, 의료기록을 주의 깊게 살펴보는 등 다양한 자료를 종합하여 보다 정확한 결과를 얻기 위해 노력해야 한다. 그러기 위해서는 평가 도구를 선택하는 데 있어서도 앞서 언급한 심리검사에 관한 기초적이고 일반적인 지식과 기술, 그리고 특수한 상황과 목적에 맞는 검사에 대한 유능성이 전제되어야 한다.

3) 문화적 요소에 대한 고려

심리검사가 개인의 능력이나 특성의 차이를 구분해 낸다는 점에서 차별적인데, 그 차별이 공정하게 이루어지느냐는 윤리적인 문제가 된다(Kitchener & Anderson, 2011). 특히 문화가 다른 집단의 내담자들을 위해 심리검사를 선택할 때는 그 검사가 해당 집단을 대상으로 타당도와 신뢰도가 밝혀진 경우에만 사용해야 한다(APA, 2010). 대부분의 심리검사는 미국과 유럽에서 제작되고 발달된 경우가 많고, 그러다보니 백인 집단을 위주로 신뢰도와 타당도가 검증이 된다.

이러한 검사를 언어와 문화가 다른 집단에 사용하기 위해서는 주의가 요구된다. 한국에 번역된 검사들은 한국인을 대상으로 다시 신뢰도와 타당도를 검증하고 문화와 언어에 적합하게 항목을 수정하거나 대체하여 표준화 작업을 하는데, 바로 문화적 요소를 고려하는 노력이라고 할 수 있다.

특히 미국과 같은 다문화 사회에서는 심리검사를 사용하는 데 있어서 여러 언어와 문화를 함께 고려해야 한다. 한국에도 이제는 다문화권의 사람들이 점점 늘어나고 있는 추세이므로, 내담자들의 언어와 문화를 고려한 심리검사가 시행되어야 한다. 반면, 심리검사를 실시할 때 표준화된 절차를 거치지 않고 검사 문항을 번역하여 사용하거나 통역사의 도움을 구하는 경우에는 검사 결과에 영향을 줄 수 있기 때문에 결과를 기술할 때 이러한 상황이 언급되고 고려되어야 한다.

심리검사에서 문화나 인종적 변인을 중요하게 고려하는데 영향을 미친 대표적인 법정 사례가 1984년에 이루어진 래리 대 라일스(Larry vs. Riles) 판결이다.

1979년 래리는 스탠포드 비네 지능검사를 받고 특수교육에 적합하다는 판정을 받았다. 그 당시 많은 흑인 아동들이 지능검사에서 낮은 점수를 받고 특수 교육 반에 선정이 되었는데, 표준화된 지능검사에서 흑인 아동들이 백인 아이들보다 더 낮은 IQ 점수를 얻는다는 점이 인정이 되었다. 1979년에 시작된 래리 대 라일 판결은 지능검사가 문화나 인종적 편견으로부터 자유롭지 못하다고 판결하였고, 따라서 특수교육 수업을 받을 적합성을 평가하는 데 지능검사 하나만 사용해서는 안 된다고 결론 내렸다(Swenson, 2013). 그 결과 현재도 캘리포니아 주의 교육부는 공립학교에서 흑인 아동에게 표준화된 지능검사를 실시하지 않도록 규정하고 있다.

같은 이유에서 이중 언어를 사용하는 아동들에게 표준화된 지능검사를 실시하는 것은 바람직하지 않다. 왜냐하면 표준화된 지능검사가 이중 언어를 사용하는 집단을 대상으로 타당도가 입증되지 않았기 때문이다. 또한 이중 언어를 사용하는 아동의 어휘력은 단일 언어를 사용하는 아동의 어휘력과 다를 수 있기 때문에, 특히 지능검사의 절반을 차지하는 언어성 소검사 점수에 영향을 미칠 수 있다. 그러므로 문화나 인종, 또는 이중 언어를 사용하는 아동의 지능 평가가 필요하다면, 언어의 제약이 없고 문화적으로 공정한 비언어적 지능검사를 사용하는 것이 바람직하다.

> **미국심리학회(APA)**
>
> 9.02 평가의 사용
> (b) 심리학자는 검사를 받는 특정 집단의 개인들에게 타당도와 신뢰도가 검증된 평가 도구를 사용해야 한다. 그러한 타당도와 신뢰도가 확립되지 않았을 경우에는 검사 결과와 해석의 장점과 제한점을 기술해야 한다.
> (c) 심리학자는 검사를 위해 (피검사자의) 언어 선택이 평가에 크게 영향을 주지 않는다면 피검사자가 선호하는 언어와 언어능력에 맞는 검사 방법을 사용해야 한다.

> **미국상담학회(ACA)**
>
> E.8. 평가에서 다문화 이슈와 다양성
> 상담자는 내담자가 속한 집단과는 다른 집단에서 표준화된 평가 기법을 사용할 때는 신중을 기한다. 상담자는 연령, 피부색, 문화, 장애, 민족, 성별, 인종, 언어, 종교, 영성, 성적 지향, 사회경제적 지위가 검사 실시와 해석에 영향을 미친다는 것을 인식하고, 다른 관련된 요인들을 고려하여 적절하게 검사 결과를 도출해야 한다.

4) 표준화된 절차와 방법

미국상담학회는 윤리 규정에 심리평가를 실시하는 조건에 대해서도 기술하고 있다(ACA, 2014). 각 검사마다 표준화된 절차와 방법이 있고 그에 따라 실시되어야 가장 정확하고 객관적인 결과를 얻을 수 있기 때문이다. 예를 들어, 수업 시간에 학생들을 대상으로 심리검사를 사용하는 경우에는 자기 보고식 설문지로 이루어진 검사의 경우에는 큰 영향이 없을 수도 있지만, 지능검사와 같은 검사는 여러 명이서 교실 상황에서 실시하는 것이 적합하지 않다.

모든 심리검사는 매뉴얼에 표준화된 절차와 방법을 명시하고 있으며, 이에 따라 검사를 실시하되 예외가 적용되는 경우에는 결과 부분에 이에 대해 기술해야 한다. 예를 들어, 장애가 있는 내담자를 검사하기 위해 쉬는 시간을 자주 가지는 경우를 가정해 보자. 검사 도중에 빈번한 휴식이 검사 수행에 영향을 미칠 수 있고, 결과적으로 검사 결과의 타당성이 문제가 될 수 있으므로 이러한 검사 상황이나 조건에 대해 검사 결과에 언급해야 한다.

심리검사지를 사용하지 않고 컴퓨터로 실시하는 경우에는 그 프로그램이 잘 작동하는지 또는 정확한 결과를 제공하는지를 확인해야 할 책임이 검사자에게 있다(ACA, 2014). 나아가 컴퓨터 프로그램화된 검사를 사용하더라도 검사 목적에 맞아야 하고, 타당도나 신뢰도가 설명될 수 있는 도구와 절차를 사용해야 한다(APA, 2010). 그러므로 상담자가 컴퓨터 프로그램을 사용하여 평가를 하더라도 해당 검사의 기본적인 특성, 타당도와 신뢰도, 채점 방법, 해석 등에 대한 충분한 지식과 경험이 있어야 한다. 그래서 컴퓨터에 의해 자동으로 산출된 결과를 사용하더라도 검사자가 이를 충분히 해석할 수 있어야 하고, 내담자의 다른 자료들과 통합하여 보고서에 작성해야 한다.

2. 사전 동의, 비밀 보장, 검사의 보안

1) 심리검사와 평가에의 사전 동의

심리적 서비스를 제공할 때 내담자의 동의를 얻는 일은 매우 중요하며 이는 심리검사와 평가를 하는 데 있어서도 마찬가지이다. 사전 동의를 얻는 데 있어서 중요한 두 측면은 내담자가 이해할 수 있는 언어로 충분히 설명을 하는 것과 내담자가 자발적으로 동의하는 것이다(Altmaier, et al., 2013).

심리검사를 하기 위한 사전 동의에는 검사나 평가의 특성과 목적, 비용, 제3자의 관여 여부, 비밀 보장과 그 예외에 대한 설명이 포함되고 내담자가 이에 대해 충분히 질문하고 답을 들을 수 있도록 해야 한다(APA, 2010). 이처럼 심리검사자는 검사와 평가 중에도 비밀 보장과 예외의 경우에 대한 윤리적 법적 보고의 책임이 동일하게 적용됨을 인식해야 한다.

한국심리학회(KPA)

제52조 평가에 대한 동의
1. 평가 및 진단을 하기 위해서는 내담자로부터 평가 동의를 받아야 한다. 평가 동의를 구할 때에는 평가의 본질과 목적, 비용, 비밀 유지의 한계에 대해 알려야 한다. 그러나 다음의 경우는 평가 동의를 받지 않아도 된다.
    (1) 법률에 의해 검사가 위임된 경우
    (2) 검사가 일상적인 교육적, 제도적 활동 또는 기관의 활동(예, 취업시 검사)으로 실시되는 경우
2. 동의할 능력이 없는 개인과, 법률에 의해 검사가 위임된 사람에게도 평가의 본질과 목적에 대해 알려주어야 한다.
3. 검사 결과를 해석해 주는 자동화된 해석 서비스를 사용하는 심리학자는 이에 대해 내담자/환자로부터 동의를 얻어야 하며, 검사 결과의 기밀성과 검사 안정성이 유지되도록 해야 하며, 법정증언을 포함하여, 추천서, 보고서, 진단적, 평가적 진술서에서 수집된 자료의 제한성에 대해 기술해야 한다.

심리검사나 평가에 대한 피검사자의 자발적 동의는 중요한 요소이지만, 심리검사와 평가가 피검사자의 자발적인 동의 없이 이루어지는 상

황들이 발생한다. 여기에서는 내담자와 피검사자가 다른 경우를 언급해야 하기 때문에, 내담자와 피검사자를 구분하여 이야기 할 것이다. 그러나 내담자와 피검사자가 일치하는 경우에는 내담자로 언급하기로 한다. 미국심리학회에서 규정한 대로 법원이나 정부 규정에 의해 의무적으로 검사를 시행해야 하는 경우가 그 중 하나이다. 사전 동의가 예외가 되는 또 다른 경우는 심리검사가 교육적, 제도적, 또는 조직에서 요구되는 경우에 자동적으로 동의하는 것이 포함되는 상황이다.

예를 들어, 대학원에 입학하는 경우에 지원자의 다면적 인성검사 결과 자료가 입학요건에 포함되어 있거나, 직장 면접과 심사에 심리검사가 포함되는 경우 등은 지원자로부터 별도의 동의를 받지 않아도 이미 지원자의 동의가 자동적으로 내포되어 있다. 사전 동의의 세 번째 예외의 경우는 검사의 목적이 피검사자의 판단 능력을 평가하는 경우이다. 이는 주로 피검사자의 정신 기능이나 의사결정 및 판단 능력을 검증하기 위한 경우로서 이혼 소송 중 자녀 양육 능력, 피고인의 소송 능력, 범죄인의 정신이상 상태, 유언자의 유언집행 능력, 치료 결정 능력 등을 검증하기 위해 심리검사와 평가를 하는 경우들이 이에 해당한다(Swenson, 2013). 이처럼 사전 동의를 받지 않고 실시되는 검사와 평가에 대한 결과도 피검사자들에게 제공되지 않는데, 그 검사와 평가를 의뢰한 내담자, 즉 의뢰인은 피검사자가 아닌 다른 사람이나 기관, 법원, 변호사 등인 경우이다.

특히 첫 번째와 세 번째의 경우에는 피검사자로부터 사전 동의를 받을 필요도 없고 검사 결과도 그들에게 보고하지는 않지만, 평가를 하기 전에 평가의 특성과 목적을 그들이 이해할 수 있는 말로 설명을 해야 한다. 즉, 검사나 평가를 하는 데 있어서 그들의 동의가 없어도 실시할 수 있지만, 그들에게 검사의 목적을 숨기고 하지는 않는다는 의미이다 (APA, 2010). 피검사자의 직접적인 동의 없이 검사나 평가를 실시하는 경우는 검사를 의뢰한 사람이나 기관이 내담자이고, 그 의뢰인이 그 검사 자료와 결과에 대한 통제권을 가지고 있다. 그러므로 피검사자에게 그 결과가 공개되지 않는다. 검사 실시 전에 사전 동의를 얻는 과정에서 이러한 설명이 포함되어야 하며, 피검사자는 여전히 검사를 받을 것인지에 대해 의사결정을 할 수 있다.

심리검사 과정에서 통역을 사용할 경우에 비밀 보장에 대해 더 주의해야 한다. 미국심리학회는 통역이 필요한 경우에 사전 동의 과정에서 미리 내담자에게 통역사를 사용한다는 점과, 검사 결과에 대해 비밀을 보장할 것과, 보안을 유지할 것임을 알려야 한다고 규정하고 있다(APA, 2010).

이때 검사자는 통역사에게도 비밀 보장의 윤리적 법적 의무가 있음을 알리고 피검사자의 정보에 대해 비밀을 지킬 것을 요구해야 한다. 그리고 검사와 평가의 해석이나 결과 보고에 통역을 사용했음을 밝혀서 평가 결과에 참조하도록 해야 한다. 왜냐하면 통역을 통해 실시된 검사의 결과는 통역으로 인해 영향을 받을 수 있기 때문이다. 단, 통역을 사용할 경우에 주의해야 하는 점은 통역사가 검사 문항이나 질문을 스스로 해석하여 풀어서 전달하지 않도록 하며, 표준화된 검사 실시 절차를 따르도록 할 필요가 있다.

2) 심리검사의 보안 및 평가 결과의 보안

개인의 심리검사 자료는 비밀 보장이 되기 때문에 검사자가 그 모든 관련 자료들을 안전하게 보관해야 할 책임이 있다. 검사와 평가에서 보안이 요구되는 영역은 피검사자와 관련된 내용의 보안과 검사 자체의 보안이다. 피검사자와 관련된 내용은 피검사자의 모든 자료, 즉 피검사자에 대한 행동 관찰, 인터뷰 내용, 검사에 대한 반응, 프로파일, 검사 결과, 해석 등이 이에 해당한다.

이러한 검사 내용은 내담자가 열람이나 공개를 요구할 때에 일반적으로 공개된다. 그러나 내담자의 검사 자료가 공개됨으로 인해 내담자나 관련된 다른 사람이 위험에 처해지거나, 결과를 오용할 가능성이 있거나, 검사 자료를 잘못 이해할 가능성이 있다고 판단될 때 검사자는 공개를 하지 않을 수도 있다(APA, 2010). 그러므로 검사자는 평가자료를 공개할 때 그것을 사용할 사람의 자격에 대해서 확인할 필요가 있다(ACA, 2014).

한국심리학회(KPA)

제56조 평가서, 보고서 열람
1. 평가서의 의뢰인과 피검사자가 동일하지 않을 경우에, 평가서와 검사보고서는 의뢰인이 동의할 때 피검사자에게 열람될 수 있다.
2. 건강에 피해를 줄 수 있다고 판단되지 않는 한, 피검사자가 원할 때는 평가서와 검사보고서를 볼 수 있도록 도와야 한다.
3. 평가서를 보여 주어서는 안 되는 경우, 사전에 피검사자에게 이 사실을 인지시켜주어야 한다.

제57조 검사자료 양도
내담자/환자를 다른 서비스 기관으로 의뢰할 경우, 심리학자는 내담자/환자 또는 의뢰기관에 명시된 다른 전문가에게 검사자료를 제공할 수 있다. 그러나 검사자료가 오용되거나 잘못 이해되는 것으로부터 내담자/환자를 보호하기 위해 검사자료를 양도하지 않을 수도 있다. 여기에서 검사자료란 원점수와 환산점수, 검사 질문이나 자극에 대한 내담자/환자의 반응, 그리고 검사하는 동안의 내담자/환자의 진술과 행동을 지칭한다.

검사자는 검사 질문지나 도구 등 검사 자체에 대해서도 보안을 유지해야 한다. 왜냐하면 검사가 대중에게 공개될 경우에 검사에 대한 신뢰도가 떨어질 수 있고, 자격을 갖추지 않은 사람들이 검사를 잘못 사용할 수도 있기 때문이다. 그러기 위해서는 검사 도구나 질문지를 안전한 곳에 보관하고, 내담자들이 검사 도구를 집이나 상담실 밖으로 가지고 가지 않도록 해야 한다.

3. 심리검사의 해석과 결과 보고

1) 인터뷰와 의료 기록의 점검

심리검사나 평가를 하기 위해서 내담자를 관찰하고 인터뷰하는 일은 평가의 일부로서 중요한 과정이다. 임상적 인터뷰는 짧은 시간에 많은 정보를 얻을 수 있는 유용한 도구가 되며, 의료 기록을 점검하는 것과 더불어 중요한 평가 과정에 해당한다(Altmaier, et al., 2013). 예를 들어, 심리검사에 대해 비협조적인 내담자가 검사 문항들에 성의껏 솔직하게 응답하지 않았을 가능성을 염두에 두어야 한다. 이런 경우에 내담자의 태도가 검사 결과에 미쳤을 영향을 고려해야 하므로, 결과 해석에 이를 언급해야 한다.

또한 인터뷰를 통해서 내담자의 정보를 수집하는 것은 검사 결과를 정확하게 해석하기 위해 필요한 과정이다. 예를 들어, 어떤 종류의 성격검사에서 과거에 실제로 인종차별을 당한 경험이 있는 내담자의 반응은 그렇지 않은 내담자의 반응보다 피해의식이나 잠재된 분노와 관련된 문항들의 점수가 높게 나타날 가능성이 있다. 이러한 중요한 과거 경험에 대한 정보는 인터뷰를 통해 밝혀질 수 있고, 검사 결과를 해석할 때 참고해야 하는 요소가 된다.

내담자의 의료 기록을 살펴보는 일 또한 중요한 정보를 얻을 수 있는 과정인데, 특히 의료기관으로부터 심리검사를 의뢰받은 경우에는 더욱 그러하다. 예를 들어, 우울증 진단을 위해 갑상선 기능저하증을 배제하기 위해서는 내담자의 의료 기록이 필요하거나 내담자에게 직접 물어봄으로써 점검할 수 있다. 만약 갑상선 기능저하증 검사를 한 적이 없다면 정확한 진단을 위해 필요한 의학적 검사를 받도록 권면해야 한다. 약물 중독의 경우도 유사한 변별 과정이 포함된다. 즉, 약물 중독에 의해 유발된 기분장애인지 아니면 두 개의 별개의 진단을 내려야 하는지 등을 정확하게 결정하기 위해서는 내담자의 이전 상담 기록이나 의학적 치료 기록을 정확히 살펴보는 것이 필요하다. 물론 이러한 필요한 자료를 얻기 위해서는 내담자로부터 허락(authorization)을 받고 그 기록들을 해당 기관이나 담당자에게 요구할 수 있다.

2) 심리평가 결과의 해석 및 공개

심리검사 결과를 내담자에게 알려주는 경우와 그렇지 않은 경우가 있다. 앞서 사전 동의 부분에서 살펴본 것처럼, 내담자가 동의한 경우에는 내담자에게 그 결과를 알려주는 것이 원칙이나, 내담자의 동의가 필요 없이 외부에서 의뢰한 경우에는 그 결과를 내담자는 볼 수 없고 검사를 의뢰한 의뢰인에게 공개된다.

피검사자와 의뢰인이 동일한 경우에는 검사 결과를 내담자에게 보여 주고 내담자의 질문이나 보충 설명을 들을 수 있다. 이를 바탕으로 검사 결과의 해석에 참고하여 첨가할 수 있다. 그러므로 검사의 실시와 해석 등 전 과정에 있어서 내담자와 협력적인 관계를 유지해야 한다. 그러나 피검사자와 의뢰인이 다른 사람인 경우에는, 검사 결과를 피검사자에게 보여 주지 않고 의뢰인에게 전해진다. 예를 들어, 법원에서 심리평가를 의뢰한 경우에는 그 결과가 법원으로 보내지게 되고 내담자는 그 결과를 알 수 없다.

  심리검사의 해석에 관한 미국심리학회 윤리 규정은 검사자는 심리검사의 결과를 해석함에 있어서 평가의 목적을 고려하고, 검사 시행 중에 관찰된 피검사자의 특성, 검사에 응할 수 있는 능력, 상황적, 개인적, 언어적, 문화적 차이 등을 고려해야 한다고 규정하고 있다. 그러나 이러한 변인들은 해석에 영향을 줄 수 있으므로 해석의 제한점에 포함시켜야 함을 제안하고 있다(APA, 2010).

  채점과 해석에 컴퓨터를 사용하는 경우에는, 컴퓨터가 내담자의 독특한 상황과 검사 태도, 검사 실시 환경, 내담자의 고유한 특성 등을 이해하거나 결과에 포함하지는 않는다. 그러므로 검사자는 컴퓨터에서 산출된 결과에만 의존하지 않고, 관찰과 인터뷰를 통해 검사 자료들이 일관되게 개인의 특성을 드러내는지를 살피고, 개인의 고유한 상황과 검사 환경 등의 자료와 컴퓨터로 산출된 결과를 통합해야 하는 책임이 있다(APA, 2010).

제10장

교육과 수련

    상담자를 가르치고 훈련하는 교육기관은 학생들을 선정하는 데서부터 졸업하기까지 그들에게 가장 효과적인 교육 프로그램을 제공하고, 상담의 이론과 기술을 습득할 수 있도록 하며, 개인적인 문제가 유능한 상담자가 되는 데 방해가 되지 않도록 노력을 기울여야 한다. 미국심리학회의 경우 학생과 수련생에 대한 윤리 규정을 함께 묶어서 다루고 있는 데 비해, 미국상담학회(ACA)는 수련에 관한 내용과 교육에 대한 내용을 한 섹션 내에서도 구분하여 상세하게 다루고 있다(APA, 2010; ACA, 2014).

    특히, 미국상담학회 윤리 규정은 수퍼비전과 내담자의 복지에 대해 가장 먼저 다루고 있다. 이는 상담이나 심리치료의 수퍼비전에서 내담자의 보호와 유익이 가장 우선시됨을 시사한다. 많은 수련생들이 수퍼비전에 대해 자신들을 보호해 주는 기능이 우선이라고 생각할지도 모른다. 수퍼비전을 통해 수련생의 성장과 발달을 추구하고 수련생을 보호하는 일은 당연하다. 그러나 실은 경험과 유능성을 충분히 갖추지 않은 비숙련된 치료자로부터 수퍼바이저가 내담자들을 보호하고 그 서비스를 책임지는 기능이 우선해서 고려되어야 한다. 그런 의미에서 수퍼비전에서 윤리와 법은 중요한 위치를 차지한다(Koocher, et al., 2008).

교육자와 수퍼바이저에 관한 윤리 규정들은 일반 윤리 원리의 여러 면을 포함한다. 학생과 수련생의 복지를 보호하고 해를 입히지 않아야 하는 규정은 유익성/무해성의 원리에 해당하며, 학생과 수련생이 신뢰할 수 있도록 교육자와 수퍼바이저가 자신들의 역할과 책임을 다해야 하는 규정은 신뢰성과 책임감의 원리와 관련된다. 약속을 이행하고 정확한 정보 제공과 정직한 방식으로 가르치고 지도하는 것은 성실성의 원리와 관련되며, 학생이나 수련생의 개인차와 문화 차이를 인정하고 존중하는 것은 인간의 권리와 위엄 존중의 원리와 연관된다(Nagy, 2011).

표 12. 교육과 수련에 관한 미국과 한국학회들의 윤리 규정 비교

미국심리학회(APA)	한국심리학회(KPA) 한국임상심리학회(KCPA)
7. 교육과 수련 7.01 교육 및 수련 프로그램의 설계 7.02 교육과 수련 프로그램에 대한 기술 7.03 강의의 정확성 7.04 학생의 개인정보 공개 7.05 개인상담이나 집단상담의 의무 7.06 학생과 수련생의 수행 평가 7.07 학생과 수련생과의 성적 관계	제5장 교육 및 수련 관련 윤리 제40조 교육자로서의 심리학자 제41조 교육 내용의 구성 제42조 교육 내용에 대한 기술 제43조 정확한 지식 전달 제44조 학생 및 수련생에 대한 수행 평가 제45조 개인치료 및 집단치료의 위임 제46조 학생 및 수련생과의 성적 관계 제47조 학생 및 수련생의 개인정보 노출 요구 제48조 학생 및 수련생의 개인정보에 대한 비밀 유지

미국상담학회(ACA)	미국기독교상담자협회(AACC)
F. 수퍼비전, 수련, 교육 F.1 상담 수퍼비전과 내담자 복지 F.2 상담 수퍼비전의 유능성 F.3 수퍼비전 관계 F.4 수퍼바이저의 책임 F.5 학생과 수련생의 책임 F.6 수퍼비전 평가, 교정, 자격 F.7 상담 교육자의 책임 F.8 학생의 복지 F.9 평가와 교정 F.10 교육자와 학생의 역할과 책임 F.11 교육과 수련 프로그램의 다문화 유능성	ES1-700 기독교 상담에서 동료관계: 관계의 소명 740 교육자와 수퍼바이저를 위한 기초 규정 750 상담 교육 프로그램의 구체적 기준 760 상담 수퍼비전 프로그램의 구체적 기준
	미국기독교심리학회(CAPS)
	6. 교육과 수련
	한국복음주의상담학회(KECS)
한국상담심리학회(KCPA) 한국기독교상담심리치료학회(KACCP)	A. 기독교 상담가의 전문적 자세 3. 교육과 수련
전문가로서의 태도 다. 상담심리사 교육과 연수	

1. 교육과 수련

1) 대학원 교과 과정과 인가

상담자를 양성하는 교육기관은 학생의 선택에서부터 주의를 기울여야 하며, 훌륭한 교육을 제공하여 유능한 상담자를 배출하는 것이 요구된다. 그러나 대학원 교육과 훈련, 그리고 전문가 자격증은 전문 상담자로서 최소의 자격을 갖춘 것을 의미한다(강진령, 2009). 즉, 석사 또는 박사 학위와 자격증 그 자체는 유능성의 필수조건이지 충분조건이 아니다. 왜냐하면, 학위나 자격증은 상담을 수행할 자격이 있는 것을 인정받은 것이지, 상담을 유능하게 할 수 있다는 의미는 아니다.

유능성에 관한 내용에서 살펴보았듯이 상담자는 계속해서 배우는 적극적인 자세가 필요한데, 이러한 계속 교육을 장려하기 위해서는 자격증을 수여하는 기관(정부 또는 학회)의 역할이 크게 작용한다. 그러므로 학회 차원에서 자격증을 받은 이후에도 높은 수준의 자격을 적절하게 유지하도록 도와야 한다(공윤정, 2013).

상담자를 위한 교육 프로그램은 이론과 실제를 골고루 포함해야 한다. 그러기 위해서는 교육자로서 계속적인 연구와 실제에 대한 경험을 바탕으로 통합하는 노력을 해야 한다. 이론가이자 실천가로서 교육자 자신이 윤리와 법적 지식을 갖추고 지킬 뿐 아니라 학생과 수련생들에게 전문적이고 윤리적인 책임에 대해 알도록 해야 한다(ACA, 2014).

특히 상담의 현장이 복잡하고 다양한 윤리적 이슈들이 제기될 수 있고 그에 대한 대부분의 책임이 상담자에게 기대되는 만큼, 상담대학원에서 윤리 교육을 교과목으로 포함시키는 것이 바람직하다. 처음으로 상담 훈련을 받는 대학원 과정에서 윤리를 배우지 않으면, 그 이후 상담기관에서 수련생에게 기대되는 윤리의 수준을 이행하기 어려울 수밖에 없고, 나아가 자격증을 취득 한 후 독립적인 상담 운영을 할 때 윤리적이기를 기대하기는 더 어렵다. 그러므로 윤리에 대해 민감하고 책임감을 가진 상담자가 되도록 하기 위해서는, 교과 과정과 자격증 취득 과정에 윤리에 관한 교육과 시험이 포함되어야 한다.

미국은 대학원 교육과 자격증 시험에 윤리를 중요한 부분으로 포함시키고 있다. 미국심리학회 인가를 받은 미국과 캐나다의 심리학 박사 과정 프로그램을 대상으로 한 연구에서, 응답한 거의 모든(95.6%) 프로그램이 윤리 교과목을 가르치는 것으로 나타났다(Rodriguez, et al., 2014). 이처럼 미국의 상담이나 임상 대학원이 미국심리학회의 인가를 받기 위해서는 윤리 교육이 반드시 교과 과정에 포함되어 있어야 한다. 가족치료사나 사회복지사 대학원 과정도 윤리 교육이 반드시 교과 과정에 포함되어 있다. 뿐만 아니라, 자격증 시험의 상당 부분이 윤리에 관한 내용을 포함하고 있으며, 자격증을 받은 이후에도 계속 교육을 통해 윤리에 관한 지식을 유지해야 하는 것이 자격증 갱신 요건이다(Welfel, 2012).

반면, 한국은 아직 윤리를 정식 교과목으로 가르치는 대학원이 없을 뿐 아니라, 윤리에 관한 시험제도가 임상심리사나 상담심리사 자격증 과정에 마련되지 않은 실정이다. 그러나 한국에서도 윤리의 필요성이 부각되면서, 한국상담심리학회와 복음주의상담학회에서 자격증 시험에 윤리 과목을 필수 과목으로 포함시키는 변화가 있었다(전요섭, 2016).

훌륭한 교과 과정을 제공하기 위해서는 학위 프로그램 자체의 인가가 필수적으로 요구된다. 왜냐하면, 인가를 받은 학교들은 학위 프로그램의 목적에 상응하는 교과 과정, 객관적인 평가 방법, 교수진의 자격, 프로그램의 질적 수준을 유지하여 적절한 교육을 제공하고자 계속해서 노력하기 때문이다. 또한 상담에 대한 관심이 높아지면서 상담이나 임상의 교육의 질을 유지하고 자격증의 기준을 강화함에 따라 학위 프로그램이 권위 있는 인가기관으로부터 인가를 받는 것은 교육자 또는 교육기관의 책임과 윤리를 지키는 일이다.

한국은 대학이나 대학원 프로그램이 교육부 인가를 받으면 신뢰를 할 수 있지만, 미국의 경우에는 주정부와 연방 정부의 교육부 이외에도 전국적 또는 지역적 인가기관들이 다양하고, 그 중에서도 가장 권위 있는 인가기관으로부터 정식인가를 받는 것을 매우 중요시한다. 정부 기관이 아니면서도 권위 있는 심리학 대학원 프로그램의 전국적 의 대표적인 예가 미국심리학회이며, 기독교 대학들을 위한 권위 있는 인가기관은 신학대학협의회(Association of Theological Schools: ATS)이다.

그 외에도 지역적 인가기관으로는, 예를 들어, 서부지역 학교/대학 연합회(Western Association of Schools and Colleges: WASC)가 대표적인 경우이다. 미국은 이처럼 교육부 인가도 중요시 하지만, 권위 있는 비정부인가기관으로부터 받은 인가에 따라 해당 교육 프로그램의 수준을 짐작할 수 있기 때문에 수준 있는 대학원 프로그램을 위해서는 이러한 인가를 반드시 고려해야 한다.

2) 교육상담

상담이라는 학문의 특성상, 상담자의 학문적인 발전과 개인적 성장 간의 조화가 이루어져야 한다(Corey et al., 2011). 그러므로 대학원 교과과정이 상담 훈련생의 개인적 성장을 장려할 수 있는 방안을 포함할 필요가 있다.

미국의 경우 대학원은 학생들이 그 프로그램을 마치기 전에 교과 과정 이외에 개인상담이나 집단상담 등을 필수로 요구하는 경우가 있다. 그 외에는 문제가 있는 학생만을 위해 개별적으로 상담을 권유하는 방법을 취하는 경우이다. 이에 비해 한국의 대부분의 상담관련 대학원에서는 학생의 교육상담을 의무화하지 않고 있어서 학생의 개인적 성장을 학교 프로그램 차원에서 장려하는 데 한계가 있다.

상담자가 되기 전에 훈련을 목적으로 받는 교육상담(didactic counseling)은 많은 유익이 있다.

첫째, 상담자는 다른 사람을 상담해 주기 이전에, 먼저 자신의 개인적인 문제를 다룸으로써 심리적 성장을 경험할 필요가 있다.

이 성장에 대한 요구는 다른 사람에게 리더십을 행사하거나 영향을 미치는 위치에 있는 경우에 더욱 필요하다. 상담관계의 특수성과 취약성을 고려할 때, 상담자의 문제가 내담자에게 미칠 수 있는 가능성은 매우 높다. 이는 단지 특정 이론에 한정되지 않는다.

예를 들어, 정신분석이론에서 상담자의 개인적 문제가 역전이를 야기한다고 본다면, 윤리적 입장에서는 역전이의 문제보다 더 폭넓은 차원에서 고려되어야 한다. 상담자가 자신의 문제를 다루고 그로 인해 발생할 수 있는 문제들을 예방하는 것은 진정으로 내담자를 보호하고 내담자의 유익을 위하고, 해를 입히지 않고자 하는 윤리 원리와 밀접한 관련이 있다.

윤리적 문제들은 상담자 자신의 경계(boundary)의 문제와 관련되거나, 이중관계로 이해의 상충을 유발하거나, 객관적인 판단을 어렵게 하는 일들인 경우가 많다. 그러므로 상담자가 교육 상담을 받는 것은 이처럼 개인적 성장과 윤리적 책임감 둘 다에 도움이 될 수 있다.

둘째, 상담자는 내담자가 되어 보는 경험을 통해 앞으로 자신에게 상담받을 내담자들의 입장과 어려움을 한층 더 이해할 수 있게 된다.

내담자들의 상담에 대한 기대나 비밀 보장에 대한 의구심, 내담자로서 느낄 수 있는 여러 가지 감정들을 이해하게 되는 것은 내담자를 존중하고 그들의 자율성을 이해하는 데 도움이 된다. 이는 또한 상담자로서 권위자의 입장에서만 보는 것이 아니라 내담자의 입장에서 상담을 고려하게 함으로써 상담자를 겸손하게 하는 경험이 되기도 한다.

셋째, 상담자는 교육상담에서 만나는 상담자로부터 실제 상담의 모델을 배울 수 있다.

대학원에서 많은 상담이론을 실제와 함께 배우는 데에는 한계가 있다. 비밀 보장의 이유로 전문가의 상담을 관찰할 수도 없기 때문에, 실제 본인이 특정 이론적 접근을 하는 상담을 받음으로써 직접 그 이론을 경험해 보는 것은 상담자에게는 살아 있는 경험과 배움의 기회가 된다.

교육상담이 교과 과정에 포함된 의무 규정이 아닌 경우에도 학생이나 수련생에게 상담이나 치료가 요구될 때가 있다. 즉, 개인적인 문제로 인해 앞으로 전문적 업무 수행에 어려움을 초래할 것으로 예상되는 경우이다.

예를 들어, 상담을 공부하는 학생이 학우들과의 관계에서 성격적인 문제로 인해 계속해서 갈등을 야기하는 경우가 있다. 또는 수련생이 내담자와 사적 관계를 형성한다든지 자신의 미해결된 개인적인 문제로 인해 적절한 치료를 제공하지 못하는 등의 윤리적인 문제를 반복적으로 드러낼 수도 있다.

이런 경우에는 개인상담이 필요한 경우가 대부분이며, 대학원 교육기관이나 수련기관에서 개인적인 치료를 권장하거나 요구할 수 있다. 물론 사전에 입학이나 수퍼비전 계약에 이러한 내용이 명시되어 있어야 하며, 대부분의 심리학자 또는 상담자를 양성하는 기관에서는 이러한 규정이 명시되어 있다. 이러한 규정이 미국에는 있지만 한국에는 아예 없다는 것은 아쉬운 일이다. 한국 실정상 윤리 규정이나 대학원 프로그램에 이러한 규정이 현재 없다 하더라도 교육상담이나 치료에 관해 장려할 수 있어야 하겠다.

그러나 학생이나 수련생의 교육상담을 교수나 수퍼바이저가 직접 하려고 해서는 안 된다. 교육상담뿐 아니라 교과목이 개인 또는 집단치료 과목일 때에도 마찬가지로, 해당 학과의 교수가 가르치기보다는 제3의 외부 전문가에게 맡기는 것이 좋다. 학생이나 수련생을 직접적으로 평가하는 입장에 있는 사람은 그들의 개인적 정보를 상세하게 아는 것이 평가의 객관성을 방해하기 때문이다.

3) 교육자와 수퍼바이저의 유능성

교육자와 수퍼바이저는 자신이 가르치고 지도하는 분야에 대한 전문 지식이 있어야 하고, 그 영역의 최근 내용을 알고 있어야 한다. 교수로서의 유능성은 가르치는 내용에 대한 정확한 지식을 갖추고 있어야 하며, 계속적인 연구를 통해 최근의 정보를 유지할 뿐 아니라, 학생들의 유익을 위하는 자세가 필요하다. 그 외에도 교수와 학생과의 관계에서 일어나는 일들에 대해 윤리적으로 대응하는 윤리적 민감성이 필요하다.

교육자로서 심리학자는 교육 내용을 전달하는 데 있어서도 유능성이 요구된다. 즉, 연구를 통해 밝혀진 과학적 정보를 정확하고 이해하기 쉬운 언어로 전달하고자 노력해야 한다. 예를 들어, 한 두 사례의 경험을 일반화 하지 않고, 개인적인 견해에 대해서는 사적인 견해임을 밝히고, 타인의 연구 내용을 인용할 경우 출처를 밝힘으로써 정확한 정보 전달을 위해 노력해야 한다.

이러한 노력은 성실성과 신뢰성의 윤리 원리와 관련된다. 교과목을 가르칠 때는 강의계획서에 교과목의 특징과 목표, 평가 기준과 방법을 학생들에게 미리 알려줘야 하며, 강의는 강의계획서의 내용에 따라서 이루어져야 한다. 즉, 평가 방법과 절차를 첫 시간에 강의계획서에 밝히고, 객관적이고 공정한 평가가 이루어지도록 해야 한다(Nagy, 2011). 교육자이자 전문가로서 정확하고 정직한 의사소통을 하는 것은 이를 배우는 학생들에게 모델이 되기도 하기 때문에 중요하다.

수퍼비전의 경우, 수퍼바이저의 전문적인 유능성은 세 가지로 요약된다. 윤리와 법 규정에 대한 지식과 그에 준하는 실무, 자신의 전문 임상 영역과 수퍼비전을 하는 영역, 그리고 수퍼비전 자체에 관한 것이다(Koocher, et al., 2008; Barnet, 2011).

교육자와 수퍼바이저는 자신이 가르치는 분야에 대한 전문 지식이 있어야 하고, 가르치거나 수퍼비전하는 영역의 최근 내용을 알고 있어야 한다. 이처럼 심리학자는 자신의 모든 활동이 그에 대한 전문적 지식과 유능성을 갖추고 해야 하는데, 수퍼비전을 제공하는 경우도 포함한다(APA, 2010).

예를 들어, 심리검사를 할 때도 특정 검사에 관해 자신이 가진 경험과 유능성이 있는 경우에만 그 심리검사와 평가에 대한 수퍼비전을 제공해야 한다. 심리치료의 경우에도 마찬가지이다. 특정 치료 이론으로 수퍼비전을 제공하기 위해서는 그 이론적 접근에 대한 전문 지식과 유능성을 갖춘 이후에 가능하다.

또 한편으로는 실제 임상 경험이 있다고 해서 수퍼비전을 잘 하리라는 법은 없기 때문에, 수퍼비전에 대한 계속 교육을 통해 유능성을 갖추고 유지할 필요가 있다(Nagy, 2011; APA, 2010). 미국상담학회도 마찬가지로 상담자가 수퍼비전을 제공하기 위해서는 수퍼비전 방법과 기술 등에 대한 교육을 받아야 하며 면허를 취득한 이후에도 이에 대한 계속 교육을 받을 것을 규정하고 있다(ACA, 2014).

　수퍼비전에 대한 교육은 효과적인 수퍼비전의 접근들이 다양하고, 수퍼비전에서 다루어야 할 윤리적인 문제들에 대한 지식과 준비가 필요하고, 수퍼바이저가 미처 경험하지 못한 이슈들이 발생될 수 있기 때문에 필요하다.

　예를 들어, 수퍼바이저가 임상적 유능성은 있지만 다문화 유능성을 갖추지 못했다면 자신과 문화적으로 다른 수련생이나 수련생의 내담자를 가장 효과적으로 돕는 적절한 방법을 모를 수도 있다. 이 경우에는 수퍼바이저 자신이 다른 전문가에게 자문을 구할 수도 있고, 계속 교육을 통해 스스로 다문화 유능성을 먼저 갖추어야 한다.

　이처럼 수퍼비전 유능성을 유지하는 방법은 수퍼비전에 관한 교과목을 수강하고, 실제 수퍼비전을 받은 경험, 그리고 자격증 이후 계속 교육으로 가능하다(Barnet, et al., 2011).

　본인이 이전에 수퍼비전을 받았던 경험만으로는 부족하며, 수퍼비전에 대한 문헌이나 연구, 교육 등으로 계속해서 수퍼비전에 대한 유능성을 유지해야 한다(Koocher, et al., 2008).

　이와 같은 맥락에서 미국 캘리포니아의 경우 심리학자가 수퍼비전을 제공하기 위해서는 2년마다 최소 6시간 이상 수퍼비전에 관한 계속 교육을 받을 것을 요구하고 있다(California Board of Psychology, 2017).

　반면, 사회사업가나 가족치료사의 수퍼바이저가 되기 위해서는 면허를 받은 후 2년이 지나야 자격이 주어진다(California Board of Behavioral Sciences, 2017). 그만큼 수퍼비전을 중요시하는 문화를 반영하는 경우라고 할 수 있다.

수퍼바이저 유능성의 세 번째 영역은 윤리적 법적 의무들에 관한 것이다. 수퍼바이저는 윤리 규정과 법 규정에 대해 잘 알고 그에 따르는 실무를 하며, 수련생의 윤리적 법적 규정 준수에 대해 계속해서 관찰하고 지도해야 한다(Knapp, et al., 2017). 수련생의 모든 활동에 대해서 법적인 책임은 수퍼바이저에게 있기 때문에 수퍼바이저의 윤리적 법적 유능성은 매우 중요하다.

수련생이 임상적으로 전문적인 유능성을 갖추도록 도울 뿐 아니라, 윤리와 법 규정들을 잘 준수하는지를 세밀하게 관찰하고 지도해야 한다. 이러한 수퍼비전을 통해 수련생은 치료 장면에서 일어나는 다양한 이슈들에 대해 윤리와 법 규정들이 어떻게 적용되는지를 수퍼바이저로부터 배운다. 루돌파(Rodolfa, 2001)는 바람직한 수퍼바이저와 그렇지 않은 수퍼바이저의 자격으로 다음과 같은 내용들을 소개하였다.

바람직한 수퍼바이저
① 자신의 임상 실무외 수퍼비전에 책임을 지려고 함 ② 수련생과 함께 공동으로 목표를 세움 ③ 심리치료를 잘 가르치고 수련생의 창의성을 권장함 ④ 이해력 있고 무비판적인 태도를 가짐 ⑤ 지지와 도전 둘 다 제공함 ⑥ 수련생이 감정이나 생각을 표현하도록 격려함 ⑦ 친밀함과 상상력이 있음 ⑧ 수련생의 자율성을 존중함 ⑨ 수련생과의 개인차를 인정함 – 개인적 가치나 문화 차이를 인정하고 존중

바람직하지 않은 수퍼바이저
① 해당 분야의 지식과 유능성이 부족한 경우 ② 권위주의적임 ③ 자신감이 없음 ④ 너무 수동적이거나 너무 적극적임 ⑤ 의사소통의 어려움 (냉소적, 무심함, 회피하기 등) ⑥ 불분명하고 모호한 기대치 제시 ⑦ 과정보다는 내용에만 집중 ⑧ 신뢰를 주지도 받지도 못함 ⑨ 수퍼비전에서 생길 수 있는 부정적 감정을 견디지 못함 ⑩ 성격적인 문제가 있거나 수련생에게 경쟁심을 느낌 ⑪ 경계(바운더리)를 잘 지키지 못함

4) 사전 동의와 비밀 보장

치료와 마찬가지로 수퍼비전에서도 수련생과 사전 동의를 해야 한다. 수퍼바이저는 일방적으로 수퍼비전을 시작하기보다는 사전 동의를 통해서 수퍼비전의 목표와 서로의 기대치, 평가 기준과 방법, 윤리적 의무 사항 등을 논의해야 한다(APA, 2010; ACA, 2014).

바넛(Barnet, 2011)은 사전 동의를 통해 수련생과 협력적 관계를 맺고, 서로가 자율성과 의사결정에 대한 책임감을 갖게 되고, 그 자체가 합리적 의사결정의 과정이 됨과 동시에, 착취를 피하고, 개방적인 태도를 유지하는 데 도움이 된다고 보았다. 그는 사전 동의에 포함될 수 있는 내용으로 수퍼비전 접근법, 수퍼비전의 횟수와 비용, 전문적 관계의 예외, 기록의 의무, 평가 기준과 절차, 비밀 보장의 예외, 응급 시 연락처 등의 내용들이라고 하였다. 이러한 내용을 구두로 논의하는 것이 관례이지만 문서로 기록해 두는 것은 서로 간에 생길 수 있는 오해를 최소화하는 데 도움이 된다(Barnet, 2011).

실제로 수퍼비전에서 계약을 하거나 문서로 사전 동의를 받는 경우는 많지 않은 것으로 보인다. 수퍼바이저와 수련생을 상대로 한 집단 수퍼비전에 관한 연구에서, 응답자들 대부분은 문서로 된 계약을 하는 것이 윤리적이라고 보고 하면서도(수련생 84%, 수퍼바이저 78%), 그들 중 실제로는 그렇게 하지 않는다고 응답하였다(수련생 60%, 수퍼바이저 54%).

그 중에서 특히 수련생들이 집단 수퍼비전을 통해 자신들이 평가받는다는 사실을 모르고 있었다고 대답하는 비중이 응답자의 39%나 되고, 응답자의 21%에 해당하는 수퍼바이저가 집단 수퍼비전을 시작할 때 구체적으로 평가에 대해 언급하지 않았다고 대답했다(Smith, et al., 2012). 특히 수퍼비전을 처음 받는 수련생들의 경우에는 더욱 평가에 대해 모를 수 있다. 그러므로 수퍼바이저는 수퍼비전을 통해 수련생이나 실습생을 평가할 것이며, 그 평가 기준에 대해 알려 주어야 한다.

이러한 사전 동의는 수련생이 내담자와 하는 사전 동의에도 동일하게 적용된다. 즉, 수퍼비전을 시작할 때 수련생은 자신이 수퍼비전을 받고 있으며, 수퍼바이저가 누구인지를 미리 내담자에게 알려야 한다(Thomas, 2007; APA, 2010; ACA, 2014). 내담자의 정보에 대한 비밀 보장에 대해서도 수퍼바이저는 치료자인 수련생과 동일한 윤리적 법적 의무가 있다. 그러므로 수퍼바이저는 수련생이 내담자의 정보에 대해 비밀 보장을 잘 지키는지, 또는 그 반대로 비밀 보장의 예외의 경우를 잘 처리하는지에 대해 면밀히 살피고 적극적으로 지도해야 한다.

과학적이고 객관적인 심리학적 접근을 하는 심리학자들이 자신들의 교육과 수퍼비전에서 객관적이고 합리적으로 실천하는 것은 매우 중요한 일이다. 교육과 연구, 치료의 활동들에 윤리적 태도와 방법을 취함으로써 투명하고 신뢰할만한 심리학자가 되어야 한다. 특히 수퍼비전 관계는 치료관계와 병행하는 경향이 있다는 점에서 윤리적 수퍼비전의 중요성은 더욱 강조되어야 한다.

5) 학생과 수련생의 평가

심리학자 또는 치료자를 양성하는 교육기관과 치료기관은 학생과 수련생을 평가하는 일을 매우 중요시한다. 학생이나 수련생의 수행을 평가할 때는 평가 기준과 방법이 처음부터 제공되어야 하고, 학생이나 수련생의 실제 수행을 평가해야 하며, 공정성을 유지할 수 있어야 한다. 교수로서도 강의 내용에 대해 평가 방법과 절차를 첫 시간에 강의계획서를 통해서 밝히고, 객관적이고 공정한 평가가 이루어지도록 해야 한다(Nagy, 2011). 이처럼 강의와 수퍼비전에서 사전에 목표와 평가 기준을 정확히 구체적으로 알리는 일은 학생이나 수련생으로 하여금 자율적인 결정을 하도록 할 수 있으며, 상호 간의 책임을 권장하는 방법이 될 수 있다.

  수퍼비전에는 수퍼바이저의 유능성도 중요하지만, 수련생의 유능성도 중요한 역할을 차지한다. 경험이 부족한 수련생에서부터 면허를 받기 직전에 있는 수련생에 이르기까지 여러 발달 단계에 있는 수련생들을 성장시키는 것이 수퍼비전의 일반적인 목표이다. 이처럼 경험이 부족한 치료자가 독립적인 치료자가 되도록 하는 과정에서 수퍼바이저의 역할은 각 단계마다 달라진다.

  수퍼바이저는 처음 수련생을 선택하는 과정에서부터 수련생이 기초 지식을 갖추고 있는지, 어떤 교과목을 수강했는지, 어떤 임상경험을 가지고 있는지, 윤리적 법적 의무 조항들에 대해서 알고 있는지 등을 면밀히 살펴야 한다. 상담자를 교육하는 대학원에서 학생들을 선별하듯이, 수퍼비전도 수련생을 선별할 수 있다(Barnet, 2011). 왜냐하면 심리학자는 자신의 업무를 그 일을 수행할만한 자격을 갖춘 사람에게 위임을 해야 하고(APA, 2010), 수퍼바이저는 수련생의 업무와 수련생의 내담자들에 대한 윤리적 법적 책임을 져야하기 때문이다. 그러므로 수퍼바이저는 수련생이 하는 모든 활동이 윤리적이고 법적으로 적절한지를 평가하고 교육해야 한다.

  수퍼비전에서 수련생을 평가하는 일은 매우 중요하다. 수련생이 윤리적이고 법적으로 적합한 실무를 하도록 가르침과 동시에, 그들의 개인적인 문제가 업무에 어려움을 가져오거나, 윤리적 문제를 반복해서 일으킬 때에는 사안의 경중에 따라 그들의 역할을 제한하거나, 업무를 정지시키거나, 또는 수련을 그만두도록 할 수 있다. 물론 이러한 평가 기준과 조치에 대해서는 수퍼비전을 시작하기 전 사전 동의에서 이미 언급되어야 한다(Koocher, et al., 2008).

또한 평가의 목적이 학생이나 수련생의 발달과 성장을 위한 것이기 때문에 평가 자체로 끝나기보다는 평가에 대한 피드백을 제공해 줌으로써 학생이나 수련생이 발전할 수 있는 기회를 주거나 또는 평가 결과를 잘 수용할 수 있도록 도울 수 있다.

6) 학생이나 수련생의 개인정보 공개

교수나 수퍼바이저는 학생과 수련생을 보호해야 한다. 즉, 꼭 필요한 경우가 아니라면 학생이나 수련생에게 그들의 사적인 정보를 공개하도록 요청해서는 안 된다. 또한 수업이나 수련 과정 중에 우연히 알게 된 학생이나 수련생의 사적 정보에 대해서도 비밀을 지켜줘야 한다. 개인적인 정보는 성 관련 내력, 학대나 방치 경험, 심리치료를 받은 경험, 부모나 동료 배우자 등 주요 타인과의 관계에 대한 내용들이 해당된다(APA, 2010). 단, 입학 요건에 이 요건이 명시되어 있거나, 학업 도중에 학생의 개인적인 문제로 인해 상담자로서 훈련받는 데 방해되는 일이 발생할 경우, 또는 학생 자신과 타인에게 위협이 될 가능성이 있다고 판단되는 경우에는 학생을 지도하고 평가하기 위해 그의 개인정보를 요구할 수 있다.

이는 앞에서 살펴본 유능성의 윤리 규정과 깊이 연관되는 부분이기도 하다. 즉, 학생이나 수련생의 개인적인 문제가 그들이 상담자로서 업무를 유능하게 수행하는 데 방해가 될 경우, 그에 대해 평가를 하여 도움을 제공해야 하기 위해서는 부득이하게 그들의 개인적인 정보를 요구할 수밖에 없기 때문이다. 교수나 수퍼바이저는 학생과 수련생을 보호하고 지도할 의무도 있지만, 그들로부터 서비스를 받게 되는 대중을 보호할 윤리적 의무도 함께 가지고 있다.

그런 의미에서 이는 무해성의 윤리 원리와도 관련이 되며, 필요할 경우 학생을 평가하고 문제가 있는 경우에는 개인정보를 요구할 수 있다. 미국의 경우 대부분의 심리학 대학원에서는 이를 규정으로 명시하고 있다.

미국심리학회(APA)

7.04 학생의 개인정보 공개
심리학자들은 학과목이나 프로그램과 관련된 활동에 있어서 학생들이나 수련생에게 그들의 성적 경험, 학대 경험, 심리치료 경험, 부모나 동료 및 배우자 등과의 관계에 대한 개인정보를 말로든 글로든 공개하도록 요구하지 않는다. 단, 다음의 경우는 제외한다.
(1) 입학 요건이나 프로그램의 교재에 분명하게 요구하는 경우
(2) 학생의 개인적 문제로 인해 행동에 문제가 발생하여 평가해야 하는 경우

---

7) 학생 및 수련생과의 이중관계

수퍼비전은 여러 가지 역할들로 구성되기 때문에 그 자체가 이중관계를 내포하고 있다(Koocher, et al., 2008). 예를 들어, 교수가 학생들에게 수퍼비전을 제공하는 경우도 이중관계에 해당하고, 수련 기관의 수퍼바이저가 수련생을 지지하고 그들의 성장을 돕는 것과 동시에 그들을 평가하기 때문에 그 역할이 이중적이라 할 수 있다. 이중관계로 인해 치료자가 내담자에게 착취나 해를 가하지 않아야 하듯이, 교육기관이나 수퍼비전에서 학생이나 수련생에게 착취나 해를 가해서는 안 된

다(APA, 2010; ACA, 2014).

　모든 이중관계가 비윤리적인 것은 아니다. 그러나 교육자와 수퍼바이저는 학생과 수련생을 가르치고 지도하는 입장에서 그들을 보호해야 하는 책임을 더 무겁게 생각해야 한다. 왜냐하면, 교수-학생 간 그리고 수퍼바이저-수련생 사이에는 힘의 차이가 존재하기 때문이다. 특히, 부적절한 이중관계는 서로가 객관성을 잃어버리게 됨으로써 양질의 서비스를 제공할 수 없게 되고, 무엇보다 그 결과는 대체로 약자가 해를 입게 되기 때문에 위험하다(Knapp, et al., 2017).

　한국은 교수나 수퍼바이저가 학생이나 수련생들을 대상으로 개인상담이나 집단상담을 제공하는 경우가 종종 있으나, 미국의 경우에는 이를 금하고 있다. 미국심리학회나 미국상담학회 모두 교육 프로그램에 개인상담이나 집단상담이 필수 요건일 경우에 학교에 연관되지 않은 상담자들을 선택할 수 있도록 함으로써 다중관계의 위험을 피하기 위해 노력할 것을 요구하고 있다(APA, 2010; ACA, 2014).

　한국심리학회 윤리 규정에서도 이를 동일하게 언급하고 있지만, 교육을 목적으로 하는 경우는 예외를 두었다(한국심리학회, 2016). 즉, 교수-학생 간 치료나 상담에 대해 한국이 미국보다 허용적임을 보여 주는 경우라고 볼 수 있다.

미국심리학회(APA)

7.05 개인 또는 집단치료의 의무
(1) 개인이나 집단치료가 프로그램이나 수업에서 요구될 때, 심리학자는 학부 또는 대학원 학생들이 학교와 상관없는 외부 전문가를 치료자로 선택할 수 있도록 허용해야 한다(7.02 교육과 수련 프로그램에 대한 기술 참조).
(2) 학생의 학업 수행을 평가하거나 평가할 수 있는 교수는 학생을 치료할 수 없다(3.05 다중관계 참조).

미국상담학회(ACA)

F.9. 학생 평가 및 개선
F.9.c. 학생을 대상으로 한 상담 – 학생이 상담을 요청하거나 상담서비스가 개선 절차의 한 부분으로 필요한 경우, 상담자 교육자는 적절한 의뢰를 제공한다.
F.10. 상담자 교육자와 학생 간의 역할 및 관계
F.10.e. 상담 서비스 – 상담 교육자는 훈련 경험과 관련된 간단한 역할이 아니라면 현재의 학생에게 상담자로서 봉사하지 않는다.

한국심리학회(KPA)

제45조 (개인치료 및 집단치료의 위임)
2. 개인치료나 집단치료가 프로그램 또는 교과 과정의 필수 과목일 때, 이 프로그램을 주관하는 심리학자는 다중관계를 피하기 위해 프로그램 참여 학생들에게 이 프로그램과 직접 관계가 없는 다른 전문가로부터 치료를 받을 수 있도록 허락해야 한다. 그러나, 교육을 목적으로 수업료 이외의 비용을 지불하지 않고 이루어지는 집단치료나 상담의 경우는 예외로 한다.

학생이나 수련생을 평가하는 역할을 하는 교수와 수퍼바이저가 그들의 치료자가 될 경우에 따르는 문제들은 다음과 같은 것들이 있다.

첫째, 교수나 수퍼바이저는 자신의 내담자인 학생 또는 수련생에게 더 호의적인 평가를 하기 쉽다.

이처럼 전문가로서 공정성이나 객관성을 잃을 가능성이 높다는 사실을 스스로 인식하고 자제할 줄 알아야 한다.

둘째, 교수와 수퍼바이저한테 치료를 받는 학생이나 수련생은 교수나 수퍼바이저의 평가를 염두에 두기 때문에 치료에 충분히 솔직하게 임하기가 어려울 수 있다. 그 결과 치료를 통한 유익을 충분히 얻지 못하게 될 수 있다. 예를 들어, 수업시간에 교수의 가치관이 자신의 것과 매우 다르다는 사실을 알게 된 학생이 그 교수와의 치료 장면에서 자신의 가치관을 솔직하게 개방하기는 어려울 것이다(Nagy, 2011).

셋째, 교수와 수퍼바이저는 상담을 배우는 과정에 있는 사람들에게는 매우 깊은 영향을 미치는 사람들이다(Thomas, 2010). 어떤 교육과 수퍼비전을 경험했느냐는 그들이 앞으로 하게 될 전문적인 실무에 영향을 끼친다. 교수와 수퍼바이저가 이중관계를 쉽사리 형성하는 모습을 보고 배운다면 이는 상담자들의 윤리 수행에 결코 좋은 모델이 될 수 없다.

이러한 이중관계의 가장 위험한 예가 바로 교수와 학생 사이 또는 수퍼바이저와 수련생 사이의 성적인 관계이다. 윤리 규정은 교수나 수퍼바이저가 자신이 평가자의 위치에 있는 관계에서 학생이나 수련생과 또는 앞으로 자신의 학생이나 수련생이 될 가능성이 있는 사람과 성적 관계를 가질 수 없다고 명시하고 있다(APA, 2010; ACA, 2014).

학생과 수련생을 보호해야 하는 교수나 수퍼바이저가 자신의 권위와 힘을 이용해서 동등한 위치에 있지 않은 사람을 착취하고 해를 입히는 일은 명백히 비윤리적이다.

교수나 수퍼바이저가 윤리를 준수하는 것은 그들의 다음 세대를 위해서 매우 중요한 일이다. 배우는 사람과 가르치는 사람의 권위와 힘의 차이와 역할을 인식하고, 특히 자신의 권위와 힘으로 학생이나 수련생을 착취하거나 해를 입히지 않기 위해 노력해야 한다. 그러므로 교수나 수퍼바이저는 자신들이 미칠 영향력을 인식하고, 윤리의식을 높이고, 품위를 유지하며, 가르치는 사람으로서 스스로 반성하는 노력이 요구된다.

제11장
연구와 출판

1. 연구 수행과 관련된 윤리

　연구에 관한 윤리 규정에서 사용하는 용어가 기관에 따라 다양하게 사용되고 있다. 미국심리학회와 한국심리학회에서는 심리학자, 미국상담학회와 한국상담심리학회에서는 상담자와 상담심리사로 표현하고 있다. 연구에 윤리적으로 임해야 하는 사람이 심리학자, 상담자, 학생 등 다양할 수 있으므로, 이 장에서는 용어를 연구자로 통일하여 사용한다.
　표에서 보듯이 한국심리학회의 연구 관련 윤리 규정은 미국심리학회의 연구와 출판 윤리 규정과 내용을 거의 동일하게 사용하고 있다. 또한 미국과 한국 모두 일반적인 상담 윤리 규정에 연구와 출판에 관한 규정이 있음에도 불구하고, 연구윤리 규정을 별도로 제정하거나 또는 연구 진실성 심사 규정을 별도로 제정하여 사용하고 있다는 점은 그만큼 연구와 관련된 활동이 많고 연구윤리의 중요성을 시사한다고 볼 수 있다(APA, 2016; 한국심리학회, 2016).

연구를 하는 목적은 연구를 통해 학문을 자유롭게 탐구하고, 연구에 참여하는 대상이나 대중에게 유익을 주기 위함이다. 즉, 연구에 참여함으로써 치료적 도움을 받을 수도 있고, 연구에서 도출된 결과가 교육이나 전문 지식에 도움이 되고, 나아가 의료나 사회적 정책에 근거로 사용되기도 한다.

이처럼 상담과 임상을 포함한 심리학 분야의 연구는 과학적으로 진리를 탐구하는 하나의 과정으로서 정직하고 윤리적이어야 할 충분한 이유가 있다. 그러므로 연구자의 정직성과 책임감을 포함한 윤리 의식과 윤리 규정 준수는 심리학 관련 연구에 매우 중요한 부분이다.

표 13. 연구와 출판에 관한 미국과 한국학회들의 윤리 규정 비교

미국심리학회(APA)	한국심리학회(KPA) 한국임상심리학회(KCPA)
8. 연구와 출판 8.01 기관의 승인 8.02 연구에 대한 사전 동의 8.03 연구에서 녹음/녹화를 위한 사전 동의 8.04 내담자/환자, 학생, 의존적 연구 참여자 8.05 연구 사전 동의 면제 8.06 연구 참여에 대한 보상 8.07 연구에서 속이기 8.08 사후 보고 8.09 연구에서 동물의 인도적 보호와 사용 8.10 연구 결과 보고 8.11 표절 8.12 출판 업적 8.13 자료의 이중출판	제4장 연구 관련 윤리 제23조 학문의 자유와 사회적 책임 제24조 기관의 승인 제25조 연구 참여자에 대한 책임 제26조 연구 참여에 대한 동의 제27조 연구를 위한 음성 및 영상 기록에 대한 동의 제28조 내담자/환자, 학생 등 연구자에게 의존적인 참여자 제29조 연구 동의 면제 제30조 연구 참여에 대한 보상 제31조 연구에서 속이기 제32조 연구 참여자에 대한 사후 보고 제33조 동물의 인도적인 보호와 사용 제34조 연구 결과 보고

8.14 검증을 위한 연구 자료 공유 8.15 심사	제35조 표절 제36조 출판 업적 제37조 연구 자료의 이중출판 제38조 결과 재검증을 위한 연구 자료 공유 제39조 심사
미국상담학회(ACA)	한국상담심리학회(KCPA) 한국기독교상담심리치료학회(KACCP)
G. 연구와 출판 G.1 연구 책임 G.2 연구 참여자의 권리 G.3 경계(바운더리) 관리와 유지 G.4 결과 보고 G.5 출판과 발표	6. 상담 연구 가. 연구 계획 나. 책임 다. 연구 대상자의 참여 및 동의 라. 연구 결과 및 보고
미국기독교상담자협회(AACC)	미국기독교심리학협회(CAPS)
ES1-800 기독교 상담에서 공동체-겸손의 소명 880 기독교 상담에서 저술과 출판 윤리 890 기독교 상담 연구자들을 위한 윤리 규정	7. 출판과 연구 7.1. 사전 동의, 기관 승인 7.2. 학생 참여 7.3 속이기, 사후 보고 7.4 동물 연구 7.5 결과 보고 7.6 연구 자료 공유

1) 참여자의 보호

연구자는 연구에 참여하는 사람들의 권리를 보호하고 연구가 그들에게 직·간접적으로 유익이 되도록 노력해야 하며, 해가 되지 않도록 최선을 다해야 한다. 이는 윤리 원리의 유익성과 무해성의 원리와 맥락을 같이 한다. 예를 들어, 연구 참여로 인해 과거의 상처가 상기되어 정서적인 스트레스를 유발하게 되는 경우에 연구자는 참여자의 안정을 위해 상담소를 소개해 주거나 적절한 조치를 취함으로써 위험을 최소화하는 노력을 해야 한다.

연구자가 참여자를 보호하는 노력은 연구에 참여하는 절차와 방법에서도 나타난다. 연구자는 참여자가 자발적으로 동의하여 참여하도록 그들의 자유 결정권을 존중해야 하며, 참여자를 선택하고 배치하는 데 있어서 공정성을 유지해야 한다. 특히 연구자에게 영향을 받기 쉬운 위치에 있는 학생이나, 내담자, 수련생, 또는 직원 등이 연구에 참여할 때 자유롭게 결정을 할 수 있도록 해야 하고, 참여하지 않을 경우에 부당한 처우를 받지 않도록 해야 한다(APA, 2010).

이처럼 연구자에게 영향 받기 쉬운 사람들을 참여시킬 경우에 연구자는 참여자와의 이중관계의 위험을 염두에 두어야 한다(Landrum & McCarthy, 2012). 예를 들어, 교수가 자신의 수업을 듣는 학생들에게 연구 참여를 제안할 경우에 학생들이 힘의 차이에 의해 또는 성적이나 평가에 있어서 불이익을 당하지 않기 위해 비자발적으로 참여를 결정할 수도 있다. 그러므로 참여자의 익명이 보장되고, 참여하지 않을 경우 다른 대안을 선택하도록 하는 등 연구자에게 의존적인 참여자들을 보호할 방안을 함께 제안하는 것이 윤리적이라 할 수 있다.

> **한국심리학회(KPA)**
>
> **제23조 연구 참여자에 대한 책임**
> 심리학자는 연구 참여자에 대해 다음과 같은 책임을 가진다.
> (1) 연구 참여자의 인격, 사생활을 침해받지 않을 개인의 권리와 자기 결정권을 존중한다.
> (2) 연구 참여자의 안전과 복지를 보장하기 위한 조처를 하고, 위험에 노출되지 않도록 하여야 한다.
> (3) 연구 참여자에게 심리적, 신체적 손상을 주어서는 아니 되며, 예상하지 못한 고통의 반응을 연구 참여자가 보일 경우 연구를 즉시 중단하여야 한다.
>
> **제26조 내담자/환자, 학생 등 연구자에게 의존적인 참여자**
> 1. 심리학자가 내담자/환자, 학생 등 자신에게 의존적인 사람을 대상으로 연구를 수행할 때에는, 심리학자는 이들이 참여를 거부하거나 그만둘 경우에 가지게 될 해로운 결과로부터 이들을 보호하는 조처를 한다.
> 2. 연구 참여가 수강 과목의 필수 사항이거나 추가 학점을 받을 수 있는 기회가 될 경우, 수강 학생에게 다른 대안적 활동을 제공하여 학생 스스로 선택할 수 있도록 한다.

임마누엘(Emanuel, 2009) 등은 연구 참여자를 보호하기 위한 일곱 가지 원리를 제안하였다.

① 연구의 사회적 가치
② 과학적 타당성
③ 공정한 참여자 선택
④ 위험 대 유익 비율
⑤ 객관적 심의
⑥ 사전 동의
⑦ 참여자 존중

첫째, 연구가 사회적 가치를 가지느냐의 문제이다. 즉, 사람을 대상으로 하는 연구가 윤리적이기 위해서는 그 연구가 직접 또는 간접적으로 사회에 공헌할 가치가 있어야 한다는 것이다.

둘째, 과학적 타당성은 연구자가 연구가 과학적 가치를 가지며, 과학적 방법을 사용하며, 실험을 반복할 수 있도록 하며, 편파적이지 않도록 노력해야 함을 강조한다.

셋째, 참여자를 선정하는 절차에 있어서 공정함을 유지하고 연구 결과도 모두에게 골고루 유익을 끼치도록 해야 한다.

넷째, 연구로 인해 발생하는 위험과 유익 간 비율에 있어서, 유익이 더 커야 윤리적인 연구라 할 수 있다.

다섯째, 연구자의 연구 가설이나 절차 등을 객관적으로 심의함으로써 연구자의 편향을 줄일 수 있다.

여섯째, 참여자가 사전에 충분한 설명을 듣고 참여를 자유롭게 결정하게 되어야 윤리적인 연구라 할 수 있다.

일곱째, 참여자의 복지를 점검하고, 비밀을 보장하며, 중단할 수 있으며, 궁금한 점을 알려 주어야 하고, 연구 결과를 알려 줌으로써 참여자를 존중하는 태도가 필요하다(Emanuel, et al., 2009).

2) 연구 참여에 관한 사전 동의

연구에 참여하는 사람들은 연구의 목적이나 절차 등에 대해 사전에 충분한 설명을 들을 기회가 있어야 한다. 연구자는 참여자의 자율적 결정에 의해 참여가 이루어지도록 해야 하며, 참여자가 중간에 얼마든지 그만 둘 수 있는 자유가 있다는 사실을 알려 줄 의무가 있다.

간혹 연구 목적과 내용에 따라 연구에 대한 사전 동의를 받지 못하는 경우도 있다. 예를 들어, 연구 목적상 속이기를 해야 하는 경우에는 사전에 동의를 받기 어려우므로 사후에 설명하고 그 자료를 분석에 사용해도 되는지에 대한 참여자의 동의를 받아야 한다.

연구 참여의 동의서에 들어 갈 내용은 윤리 규정에서 보듯이 연구자는 참여자들에게 연구의 목적, 기간과 절차, 중간에 그만둘 수 있고 그로 인해 발생할 수 있는 결과, 잠재적인 위험, 이득, 비밀 보장과 예외, 보상 등에 대해 알려 주고 답을 해 줄 의무가 있다.

이처럼 한국심리학회는 참여 동의서에 들어 갈 내용으로 일곱 가지를 소개하고 있지만, 미국심리학회는 하나 더 있다. 즉, 미국심리학회는 여덟 번째 항목으로 연구나 참여자의 권리에 대한 질문을 하고 싶을 때 연락할 수 있는 사람의 정보를 동의서에 포함하도록 권장하고 있다(APA, 2010). 사전 동의는 녹음이나 녹화의 경우도 포함한다. 상담이나 검사에서도 녹음이나 녹화의 경우 이에 대해 미리 알리고 동의를 얻듯이, 연구에서도 마찬가지로 적용된다.

(1) 비밀 보장과 예외

상담 및 치료나 검사와 마찬가지로 연구에서 참여자가 공개한 개인적 정보에 대해 비밀을 보장하는 일은 연구자의 중요한 윤리적 책무 중 하나다. 이러한 개인정보는 연구 자료가 기록되고 보관되는 데에 있어서도 마찬가지로 중요하다. 즉, 연구에서 사용된 질문지나 반응들이 들어 있는 자료를 안전한 곳에 보관해야 하며, 자료를 열람하는 것 또한 연구자의 책임하에 이루어져야 한다. 연구에서도 비밀 보장의 예외가 적용될 수 있으며, 이 사실 또한 사전 동의를 얻는 과정에서 참여자들에게 미리 알려져야 한다(Knapp, 2012).

> **한국심리학회(KPA)**
>
> **제24조 연구 참여에 대한 동의**
> 1. 연구 참여는 자유의지로 결정되어야 한다. 따라서 심리학자는 연구 참여자로부터 연구 참여에 대한 동의를 받아야 한다.
> 동의를 얻을 때에는 다음 사항을 알려주고, 이에 대해 질문하고 답을 들을 수 있는 기회를 제공한다.
> (1) 연구의 목적, 예상되는 기간 및 절차
> (2) 연구에 참여하거나 중간에 그만둘 수 있는 권리
> (3) 연구 참여를 거부하거나 그만두었을 때 예상되는 결과
> (4) 참여 자발성에 영향 미칠 것으로 예상되는 잠재적 위험, 고통 또는 해로운 영향
> (5) 연구에 참여함으로써 얻을 수 있을 것으로 예상되는 이득
> (6) 비밀 보장의 한계
> (7) 참여에 대한 보상
>
> 2. 실험 처치가 포함된 중재 연구를 수행하는 심리학자는 연구 시작부터 참여자에게 다음 사항을 분명하게 알려준다.
> (1) 실험 처치의 본질
> (2) 통제집단에게 이용할 수 있거나 또는 이용할 수 없게 될 서비스
> (3) 처치집단 또는 통제집단에의 할당 방법
> (4) 개인이 연구에 참여하고 싶지 않거나, 연구가 이미 시작된 후 그만두고 싶어 할 경우 이용 가능한 처치 대안
> (5) 연구 참여에 대한 보상이나 금전적인 대가

(2) 보상

설문지와 같은 비교적 시간이 적게 드는 연구와는 달리, 치료집단에 몇 주 또는 몇 달 동안 참여하는 등 참여자의 시간이 많이 요구되는 연구에는 참여자에게 적절한 보상을 하는 경우가 많다. 참여자들은 연구에 참여함으로써 자연히 얻게 되는 유익도 있지만, 보상은 연구가 지속될 수 있도록 하는 데 도움이 된다. 이 경우에 연구자는 연구 참여에 대

한 적합한 정도의 보상을 고려해야 한다. 지나치게 많은 보상은 오히려 참여자의 솔직한 반응을 얻는 데 방해가 되기도 하고, 참여자들이 보상 때문에 연구를 중단하고 싶어도 하지 못하는 요인이 되기 쉬우므로 피하는 것이 바람직하다.

(3) 사전 동의가 필요 없는 연구

연구에서 사전 동의가 상담 및 치료나 검사와 다른 점은 모든 연구에 사전 동의가 필요한 것은 아니라는 점이다. 즉, 참여자에게 전혀 위험이 되지 않는 경우, 교육적 목적으로 교육 장면에서 행해지는 연구, 익명이 보장되는 설문지 연구, 자연 상황에서의 관찰, 조직의 직업 효율성에 관한 연구, 또는 그 외 법적으로 또는 기관에서 허용되는 경우가 이에 해당된다(APA, 2010).

사전 동의가 필요 없다기보다는 연구의 목적상 동의를 미리 받을 수 없는 경우가 있다. 즉, 연구에서 특정 상황에서 참여자의 반응을 유도하기 위해서 속임수를 사용해야 하는 경우에는 사전 동의로 인해 연구 목적이 노출될 수 있기 때문에 동의를 사후에 받아야 한다. 심리학에서 속이는 연구가 흔하게 사용되지는 않지만, 성격심리학이나 사회심리학 연구에서 자주 사용되는 경우가 많다(Knapp, 2012).

속임수를 사용하는 연구에 대한 찬반 논란이 많이 있어 왔는데, 냅(Knapp)은 다음과 같이 두 입장을 요약하였다.

비판적인 입장에서는 참여자를 속이는 것 자체가 도덕적으로 정당화될 수 없고, 속임수로 인해 참여자가 자존감에 상처를 입을 수 있고, 속임을 당한다는 사실이 참여자로 하여금 무력한 위치에 놓이게 함으로써 연구 참여에 대해 부정적이게 한다. 이후 연구 참여에 회의적인 태도를 양산하고, 대중의 신뢰를 잃거나 연구자의 명성에 손상이 가게 되어 연구에 대한 지원을 받기 어려워 질 수 있다는 것이다.

반면, 속임수 연구를 찬성하는 입장에서는 실험 연구를 통해 내적 타당도를 높일 수 있고, 참여자의 동기나 역할에 맞추는 행동을 줄일 수 있으며, 연구 목적을 다른 방법으로는 달성할 수 없을 때 유용하게 사용된다. 속임수로 인한 부정적인 영향은 사전 및 사후에 최소화할 수 있는 방법이 있고, 참여자들이 자신과 타인의 행동에 대해 배우는 기회가 될 수 있다고 주장한다(Knapp, 2012).

속임수를 사용한 연구에서는 참여가 끝난 후 자료를 완전히 수집하기 전에 가능한 한 빨리 참여자에게 연구의 목적에 대해 알려 줘야 하고, 자신의 자료를 철회하거나 사용할 수 있는지에 대해 동의를 받아야 한다. 즉, 참여자는 자신의 동의 없이 연구에 참여했지만, 자신의 반응이 사용되지 않도록 결정할 수 있다. 속임수를 사용하는 연구가 윤리적으로 바람직한지에 대해서 의문이 생길 수 있다. 속임수를 밝혔을 때 참여자들이 연구자에 대한 진실성이나 신뢰성과 관련하여 의문을 가질 수도 있다.

동물을 사용한 실험 연구도 같은 윤리적인 딜레마를 안고 있을 수 있다. 예를 들어, 새로운 약물 실험이나 신체 반응을 조작해야 하는 경우에는 실험 대상에게 해를 입힐 수도 있기 때문에 동물을 사용하는 경우가 많다. 이처럼 속임수를 사용하거나 동물 실험을 하는 경우에는 교육적 과학적인 측면에서 연구의 가치가 충분히 정당화될 수 있는 경우라야 허용된다. 나아가 연구자는 불가피하게 동물을 사용해야 하는 경우 동물을 인도적으로 취급해야 하며 위험이나 고통을 최소화하는 노력을 해야 한다(APA, 2010).

이러한 연구들이 연구자에 의해 무분별하게 자의적으로 사용되지 않도록 하기 위해 연구 수행 전에 기관의 승인을 받는 것이 중요하다 (APA, 2010). 사람을 대상으로 하는 모든 연구는 각 대학이나 기관에 있는 심의기관(Institutional Review Board: IRB)의 승인을 받아야 하는데, 대부분의 심리학 관련 연구가 이에 해당된다.

한국심리학회(KPA)

제27조 연구 동의 면제
심리학자는 다음 경우에 연구 참여자로부터 동의를 받지 않을 수 있다
(1) 연구가 고통을 주거나 해를 끼치지 않을 것으로 판단되는 경우
　① 교육 장면에서 수행되는 교육 실무, 교과 과정 또는 교실 운영 방법에 대한 연구
　② 연구 참여자의 반응 노출이 참여자들을 형사상 또는 민사상 책임의 위험에 놓이지 않게 하거나, 재정 상태, 고용 가능성 또는 평판에 손상을 입히지 않으며, 비밀이 보장되는 익명의 질문지, 자연 관찰 또는 자료 수집 연구
　③ 조직 장면에서 수행되는 직업이나 조직 효율성에 관련된 요인들에 대한 연구로, 참여자의 고용 가능성에 위험이 되지 않고, 비밀이 보장되는 경우
(2) 국가의 법률 또는 기관의 규칙에 의해 허용되는 경우

제29조 연구에서 속이기
1. 심리학자는 속이기 기법을 사용하는 것이 연구에서 예상되는 과학적, 교육적, 혹은 응용 가치에 의해서 정당한 사유가 되고, 또한 속임수를 쓰지 않는 효과적인 대안적 절차들이 가능하지 않다고 결정한 경우를 제외하고는 속임수가 포함된 연구를 수행하지 않는다.
2. 심리학자는 연구에 참여할 사람들에게 신체적 통증이나 심한 정서적 고통을 일으킬 수도 있다는 정보를 알려 주고 속이지 않는다.
3. 심리학자는 실험에 포함된 속임수를 가능한 빨리, 가급적이면 연구 참여가 끝났을 때, 아니면 늦어도 자료수집이 완료되기 전에 설명함으로써, 참여자들에게 자신의 실험 자료를 철회할 수 있는 기회를 준다.

2. 연구 결과의 보고와 관련된 윤리

1) 연구 결과의 보고

연구를 윤리적으로 준비하고 수행하는 것과 더불어 중요한 것은 연구 결과를 윤리적으로 보고하거나 출판하는 일이다(Knapp et al., 2017). 연구자는 미리 사전 문헌 조사를 통해 얻어진 기존의 자료와 지식을 토대로 연구를 계획하기 때문에 자신이 세운 가설이 검증되기를 기대하고 연구를 시작한다. 그러나 연구 결과는 연구자의 의도대로 나오지 않는 경우도 많다. 예상된 결과가 아닌 다른 결과가 나오더라도 그 이유를 탐색하고 설명을 찾는 과정도 매우 의미 있고 가치 있는 일이다. 왜냐하면 특정 상황이나 집단에 적용되는 이론이나 방식이 다른 집단이나 상황에서는 맞지 않는다는 사실을 밝힘으로써 이전 연구들의 한계를 알릴 수 있고, 따라서 관련된 후속 연구를 촉진시킬 수도 있다.

그럼에도 불구하고 연구자가 자신의 예상대로 결과를 얻기 위해 자료를 바꾸거나 변경을 하는 비윤리적인 연구 행태가 실제로 이루어지기도 한다. 이렇게 변형된 연구 결과를 출판한다고 가정해 보자. 그 결과를 기초로 정부가 정책을 만들거나, 이론을 발전시키거나, 치료 방법을 바꾼다면 그 위험과 피해가 얼마나 큰지 짐작할 수 있을 것이다. 그러므로 연구자는 자신의 연구가 참여자에게만 영향을 미치는 것이 아니라 사회적으로도 영향을 미친다는 점을 상기하고 책임의식을 가져야 한다. 특히 연구 결과를 출판하는 경우에는 더욱 그러하다.

연구자는 연구를 통해 얻은 자료나 정보를 정확하게 보고해야 한다. 연구를 통해 밝혀진 정보나 지식이 정확할 때 학문적 과학적 가치가 있기 때문이다. 연구자는 이미 발표한 자료에서 오류를 발견할 경우에는 이를 바로잡아야 한다.

이처럼 연구와 저술 및 출판에 있어서 정직하게 행하기 위해서는 연구자가 겸손하고 정직한 태도를 유지하는 것이 선행되어야 한다. 연구자의 자격이나 유능성이 상담자의 자격과 같이 교육과 수련을 받아야 하는 것처럼 정해진 것이 아니기 때문에 연구자 자신이 윤리를 지키는 노력이 필요하다. 대부분의 경우 석, 박사 학위나 논문이 있는 경우에 그에 준하는 연구자의 자격을 기대하지만 구체적인 연구자의 자격을 정하는 곳은 없다. 그러므로 연구를 수행할 유능성이나 자질, 또는 연구 분야에 대한 결정이 연구자 본인에게 달려 있기 때문에 연구자의 윤리의식은 중요하게 고려되어야 한다(Knapp et al., 2017).

키치너와 앤더슨(2011)은 연구자가 연구를 계획하고, 참여자의 표본을 선정하고, 자료를 수집하고, 통계를 분석하고, 결과를 도출해 내는 모든 과정에 연구자의 유능성이 요구된다고 강조하고 있다. 즉, 연구자는 비평적으로 사고하며 과학적 연구 방법에 대한 유능성이 있어야 정확한 연구를 하고 자료를 분석할 수 있으며, 잘못된 결론을 도출하지 않는다.

한국심리학회(KPA)

제32조 연구 결과 보고
1. 심리학자는 자료를 조작하지 않는다.
2. 심리학자는 연구대상 개개인이 식별될 수 있는 자료는 익명화하여 보고하여야 한다.
3. 심리학자는 출판된 자신의 자료에서 중대한 오류를 발견하면, 정정, 취소, 정오표 등 적절한 출판수단을 사용하여 오류를 바로잡기 위한 조치를 취한다.

2) 연구 반복 및 재검증 허용

다른 사람이 자신의 연구를 다시 분석하여 검증하려고 할 때, 연구자는 자신이 이미 발표한 연구의 원래 자료를 제공해야 한다. 단, 참여자들의 정보가 보호되고, 법적으로 소유권이 제한되지 않고, 재검증의 목적으로만 사용될 때 자료를 제공할 수 있다. 자료를 요청하는 연구자도 반드시 재분석을 통한 재검증의 목적으로만 사용해야 하며, 다른 목적으로 사용하고자 할 경우에는 원래 연구자로부터 사전에 서면으로 동의를 받아야 하는 것이 윤리적이다(APA, 2010).

이처럼 연구자가 자신의 원래 자료를 연구의 재검증을 위해 제공하는 것은 정확한 결과를 확인하기 위해서 필요할 수 있다. 연구의 재검증이 허용되지 않는다면 무분별한 연구들이 쏟아져 나올 위험도 있다. 재검증을 통해 연구 결과가 확증된다면 더 분명한 결과를 확신할 수 있을 것이다. 그러나 재검증이 항상 옳은 결과를 낸다고 할 수도 없다. 중요한 점은 연구의 투명성과 정확성을 위해 연구자들이 어떠한 노력과 자세를 취해야 하는지 일 것이다(Knapp, et al., 2017).

한국심리학회(KPA)

제34조 결과 재검증을 위한 연구 자료 공유
1. 연구 결과가 발표된 후, 다른 연구자가 재분석을 통해 발표된 결과를 재검증하기 위한 목적으로 연구 자료를 요청하면, 연구 참여자에 대한 기밀이 보호될 수 있고, 또 소유한 자료에 대한 법적 권리가 자료 공개를 금지하지 않는 한, 심리학자는 자료를 제공한다.
2. 전항에 의해 자료제공을 받은 심리학자는 오로지 그 목적으로만 자료를 사용할 수 있으며, 그 외의 다른 목적으로 자료를 사용하고자 할 경우에는 사전에 서면 동의를 얻어야 한다.

3) 표절

표절은 다른 사람의 아이디어나 글 등을 출처를 표시하지 않고 사용함으로써 그 내용이 마치 자신의 것인 양 사용하는 경우를 말한다(APA, 2010). 그러므로 표절은 "지적 도용"(intellectual theft)이라는 데에 모두가 의견을 같이 한다(Cooper, 2016).

의도적이든 실수로 했든 다른 사람의 아이디어나 표현을 그 출처를 밝히지 않고 사용하는 것은 비윤리적인 행위이다. 한국심리학회에서는 표절을 위조, 변조, 이중출판과 함께 연구 부정 행위 중 하나로 간주하고, "연속적으로 두 문장 이상을 인용 없이 동일하게 발췌, 사용하는 경우"를 표절로 규정하였고 언어가 다른 경우도 포함하고 있다(한국심리학회, 2016).

이처럼 동일한 표현을 그대로 가져오는 것뿐만 아니라, 다른 사람의 표현이나 정보를 요약하거나 재진술, 또는 번역해서 표현하는 경우에도 반드시 출처를 밝혀야 한다(Cooper, 2016).

미국의 경우에는 몇 단어 또는 문장 이상이어야 표절인지를 구체적으로 규정한 곳은 없지만 미국심리학회(APA) 윤리 규정도 표절에 대해 간단히 언급하고 있다. 그러나 실제로 미국은 표절에 대해 매우 엄격한 기준을 적용하고 있다. 미국의 경우에는 초등학교 때부터 표절이 무엇인지를 가르치고 중, 고등학교에서 리포트를 제출할 때 온라인으로 표절 검사를 할 수 있는 통로를 사용하는 등의 방법으로 표절에 대해 매우 엄격하고 민감하게 가르치고 있다.

반면, 한국은 교육 장면에서 표절에 대해 상대적으로 느슨한 태도를 취하고 있는 것이 사실이다. 최근에는 한국에서도 문헌 유사도 검사 도구들이 생겨서 논문을 제출할 경우 표절이나 문헌 유사도를 검사할 수 있게 되었다.

그러나 대부분의 경우 리포트를 작성할 때 인터넷에서 자료를 그대로 복사하는 경우가 많이 발견된다. 인터넷이 발달하면서 활용할 수 있는 정보와 자료가 매우 풍부해졌지만, 반대로 쉽게 자료나 정보를 복사하거나 표절할 수 있는 위험도 그만큼 커졌다고 볼 수 있다.

표절을 피하기 위한 방법으로 쿠퍼(Cooper, 2016)는 우선 자신이 참고로 하는 문헌을 정확하게 이해하는 것이 필요하며, 인용을 표시하고 정보나 표현의 출처를 밝히고, 자신의 글이 표절의 정도가 있는지를 인터넷으로 검사하는 방법을 사용할 것을 제안하였다.

교수가 교육 장면에서 학생들에게 표절을 예방하도록 하고 정확한 지침을 주는 것도 학생들로 하여금 표절 이슈에 대해 민감하게 하고 정직한 글쓰기를 하는데 도움이 될 것이다. 무엇보다 대학원에서부터 연구자의 정직성과 신뢰성을 기를 수 있도록 장려해야 한다.

그 외에도 자신이 이미 출판한 자료를 새로운 자료인 것처럼 출판하는 것도 비윤리적인 부정 행위 중 하나인 이중출판에 해당된다(APA, 2010). 즉, 이전에 출판된 자신의 저서나 논문을 다시 그대로 사용할 수 없고, 이미 발표된 자료를 사용하고자 할 경우에는 이중출판이 되지 않도록 자신의 글이라도 출처를 밝히거나 인용을 사용할 수 있다(APA, 2010). 한국심리학회에서 규정한 이중출판에 해당하지 않는 경우는 다음 표에 나온 바와 같다.

> **한국심리학회 연구 진실성 심사 규정**
>
> **제2조(연구 부정 행위에 대한 정의)**
> 3) "표절"이라 함은 이미 발표되거나 출간된 타인의 연구 내용 결과 등의 전부 또는 일부를 인용 없이 그대로 사용하거나, 다른 형태로 변화시켜 사용하는 경우이다. 이는 사용언어가 다른 경우에도 해당된다.
> (1) 이미 발표되거나 출간된 타인의 연구 결과 중 핵심 개념의 전부 또는 일부를 인용 없이 본인의 연구 개념처럼 발표, 출간한 경우 표절에 해당한다. 이는 사용 언어, 문장, 표현이 다른 경우에도 해당된다.
> (2) 통상적으로 타인 논문에서 연속적으로 두 문장 이상을 인용 없이 동일하게 발췌, 사용하는 경우 표절이다. 이는 사용 언어가 다른 경우에도 해당된다.
> (3) 따옴표를 사용하여 인용하지 않고 타인이 기 발표한 연구 내용을 발췌하여 사용한 경우 표절에 해당된다. 단, 학술지에 따라 예외가 있을 수 있으며, 기 발표된 타인의 연구 결과가 이미 교과서 또는 공개적 출판물에 게재된 아이디어, 사실, 공식, 기타 정보로서 일반적 지식으로 통용되는 경우, 인용하지 않고 논문에 사용할 수 있다.

4) 출판 업적

연구 결과를 보고하거나 출판할 때 저자들의 업적을 공헌 정도에 따라 공정하게 인정해야 한다. 저자로서 인정받기 위해서는 지위에 상관없이 연구에 실제로 공헌한 정도에 따라 정해져야 한다. 예를 들어, 여러 명이 연구에 참여한 경우에 연구에 기여한 정도에 따라 저자의 순서가 정해져야 한다. 학생의 석사나 박사 학위논문을 출판할 경우에 주저자는 학생이며 지도 교수는 두 번째 저자가 된다. 이러한 저자의 순서는 출판하기 전에 미리 논의가 되어야 하며, 힘과 지위로 인해 그 순서가 정해져서는 안 된다(APA, 2010).

한국심리학회 연구 진실성 심사 규정

제2조(연구 부정 행위에 대한 정의)

4) "이중출판"이라 함은 연구자 본인이 이전에 출판한 연구 결과(출판 예정 또는 출판을 위해 심사 중인 자료를 포함)를 새로운 결과인 것처럼 출판하는 행위이다.
   (1) 연구자 본인의 동일한 연구 결과를 인용표시 없이 동일 언어 또는 다른 언어로 중복하여 출간하는 경우, 이중출판으로 주요 부정 행위이다. 또한, 대부분의 연구 자료가 같거나 대부분의 문장이 같은 경우도 이중출판에 해당할 수 있다. 학위논문을 학술지 논문으로 출판하는 경우는 예외로 한다.
   (2) 학술지 논문으로 발표된 연구 결과들을 모아서 저서로 출간하는 경우는 이중출판에 해당하지 않는다. 단, 이 경우에도 기 발표된 출처를 명시하고 이미 발표된 결과들을 충실히 인용하여야 한다.
   (3) 학술지에 실었던 논문 내용을 대중서, 교양잡지 등에 쉽게 풀어 쓴 것은 이중출판에 해당하지 않는다. 그러나 이 경우 원출처를 명시하여야 한다.
   (4) 연구자는 투고규정이 허용하는 범위에서 짧은 서간 형태(letter, brief communication 등)의 논문을 출간할 수가 있다. 짧은 서간 논문을 출간한 후 긴 논문을 추가 출간하는 경우나, 연구 자료를 추가하거나, 해석이 추가되거나, 자세한 연구 수행 과정 정보 등이 추가되는 경우는 이중출판에 해당하지 않는다.
   (5) 이미 출판된 논문이나 책의 일부가 원저자의 승인하에 다른 편저자에 의해 선택되고 편집되어 선집(anthology)의 형태로 출판되거나 학술지의 특집호로 게재되는 경우 이중출판으로 간주하지 않는다.
   (6) 동일한 연구 결과를 다른 언어로 다른 독자에게 소개할 때 원논문을 인용할 경우는 이중출판으로 간주하지 않는다.
   (7) 동일한 연구를 다른 언어로 번역하여 투고하는 것은 이중출판으로 간주한다. 단, 다른 언어의 학술지에서 그 논문을 인지하고 그 편집장으로부터 사전 동의를 받아 해당 언어로 번역하여 투고하는 경우는 이중출판으로 간주하지 않는다.
   (8) 이미 출판한 학술지 논문이나 학술대회 발표집 논문 혹은 심포지엄 발표집 논문을 타 학술지에 게재하고자 하는 경우, 해당 학술지의 동의가 있으면 이중출판으로 간주하지 않는다. 단 이 경우 원논문을 인용해야 한다.

한국심리학회 연구 진실성 심사 규정

제3조(출판 업적)
1. 심리학자는 자신이 실제로 수행하거나 공헌한 연구에 대해서만 저자로서의 책임을 지며, 또한 업적으로 인정받는다.
2. 용어 정의
   1) 주저자(책임저자)는 주연구자, 연구그룹장(팀장) 또는 실험실 책임자 등이 된다. 주저자의 역할은 논문에 포함된 모든 자료를 확인하며 연구 결과물의 정당성에 대해 책임을 지는 일 그리고 논문원고 준비 동안에 공저자 간의 의견 교환이 이루어지도록 하는 일도 맡는다. 주저자는 제1저자, 공동저자, 또는 교신저자가 될 수 있고, 연구에 기여한 정도에 따라 저자명 기재의 순서를 정하기 위하여 저자들 간 합의를 도출한다.
   2) 제1저자는 저자순서에서 제일 처음에 위치한 연구자로서 자료/정보를 만드는 데 중요한 역할을 하고 그 결과를 해석, 원고의 초안을 작성한자로 규정한다. 주저자가 제1저자가 될 수도 있다.
   3) 교신저자는 투고저자라고도 하며 학술지에 논문을 출판하기 위하여 원고를 제출하는 저자로 논문투고, 심사자와 교신역할을 하며, 연구물의 첫 장 각주에 교신저자의 연락처를 제시한다. 논문의 교신저자는 저자들 간 합의에 따라 주저자, 제1저자, 또는 공동연구자가 할 수 있으며 학위논문에 기초한 경우 학생 또는 논문지도교수가 할 수 있다.
   4) 교신저자가 주저자가 아닌 경우에는 연구물의 첫 장 각주에 주저자의 연락처도 제시해야 한다.
   5) 공동저자는 연구의 계획, 개념 확립, 수행, 결과 분석, 및 연구 결과 작성 과정에서 중요한 연구 정보를 상의하고 결론에 도달하는 데 기여한 자를 말한다.
3. 출판물에서 저자로 기재되는 경우는 학술적, 전문적 기여가 있을 때에 한정된다. 작은 기여는 각주, 서문, 사의 등에서 적절하게 고마움을 표하는 것으로 한다.
4. 학술적, 전문적 기여라 함은 실제로 글을 쓰거나 연구에 대한 상당한 기여를 의미한다. 상당한 기여는 가설이나 연구 문제의 설정, 실험의 설계, 통계 분석의 구조화 및 실시, 그리고 결과해석을 포함하는 주요 부분의 집필을 포함한다.
5. 예외적인 상황을 제외하고, 학생의 석사 학위 또는 박사 학위논문을 실질적 토대로 한 여러 명의 공동 저술인 논문에서는 학생이 제1저자가 된다. 단, 학위논문을 대폭 수정하거나 추가 경험 자료를 수집하여 보완한 경우, 그리고 기타 예외적인 상황이 존재할 때는 그렇지 아니하다.
6. 학위논문의 축약본이나 일부를 출판할 경우 그러한 사항을 논문 첫 쪽의 각주에 명시한다.

참고 문헌

강진령, 이종연, 유형근, 손현동. 『상담자 윤리』. 서울: 학지사, 2009.

김옥진. 김형수, 김기민, 장성화. "상담 윤리 결정모델을 통한 상담자 윤리 교육의 필요성." 『한국교육논단』 (2011), 10: 141-168.

김현아. 공윤정, 김봉환, 김옥진, 김요완. 『상담철학과 윤리』. 서울: 학지사, 2013.

김화자. "한국과 미국의 상담 윤리 규정 비교 연구." 한국복음주의상담학회. 『복음과 상담』 (2014). 22(1): 9-50.

노안영. "한국과 미국의 상담심리학자들이 지각하는 지혜의 비교." 『대학상담연구』 (1998). 9: 217-243.

박외숙, 고향자. "비성적인 이중관계의 윤리." 『한국심리학회지: 상담 및 심리치료』 (2007). 19: 862-887.

오윤선. "기독교상담 윤리 교육 활성화 방안 연구." 한국복음주의 기독교상담학회. 『복음과 상담』 (2006). 6: 9-34.

우홍련, 허난설, 이지향, 장유진. "한국 상담자들이 경험한 윤리 문제와 대처 방법 및 상담 윤리 교육에 관한 실태 연구." 『상담학 연구』 (2016). 16(2): 1-25.

유영권, 최해림, 이수용, 금명자, 안현의.『전문적 상담 현장의 윤리』. 서울: 학지사. 2010.

전요섭. "상담자의 성 행동과 기독교상담 윤리 규정의 한계 및 대안." 한국복음주의기독교상담학회.『복음과 상담』(2016). 24: 9-42.

최해림. 한국 상담자의 상담 윤리에 대한 기초.『한국심리학회지: 상담 및 심리치료』(2002). 14: 805-828.

한국기독교상담심리치료학회. "한국기독교상담심리치료학회 상담(치료사)윤리 강령." 서울: 한국기독교상담심리치료학회 (2010). Retrieved from http://www.kaccp.org/info/sub01_05.html.

한국복음주의상담학회. "상담 윤리 규정" (2014). Retrieved from https://kecs.jams.or.kr/po/community/freeBoard

한국상담심리학회.『전문적 상담 현장의 윤리』. 서울: 학지사, 2010.

한국심리학회. "윤리 규정" (2016). Retrieved from http://www.koreanpsychology.or.kr/aboutkpa/article.asp?page=4.

한국심리학회. "연구 진실성 심사 규정" (2016). Retrieved from http://www.koreanpsychology.or.kr/aboutkpa/article.asp?page=20.

Altmaier, E. M. & Tallman, B. A. "Psychological Assessment in Medical Settings," In Geisinger, et al. (Eds) *APA handbook of testing and assessment in psychology: Testing and assessment in clinical and counseling psychology*. Washington, MD: APA, 2013.

American Association of Christian Counselors. "Code of Ethics" (2014). Retrieved from http://www.aacc.net/about-us/code-of-ethics.

American Association of Pastoral Counselors. "AAPC Code of Ethics" (2012). Retrieved from http://www.aapc.org/about-us/code-of-ethics.

American Counseling Association. "ACA Code of Ethics" (2014). Alexandria: ACA. Retrieved from http://www.counseling.org/knowledge-center/ethics

American Psychological Association. *Ethical Principles of Psychologists and Code of Conduct*. Washington, MD: APA, 2002.

American Psychological Association. *Ethical Principles of Psychologists and Code of Conduct*. Washington, MD: APA, 2002(Amended, 2010).

American Psychological Association. "Ethics Committee, Report of the Ethics Committee." *American Psychologist* (2003), 59: 434-441.

American Psychological Association. "Ethics Committee, Report of the Ethics Committee." *American Psychologist* (2012), 67: 398-408.

American Psychological Association. "Report of the Ethics Committee, Report of the Ethics Committee." *American Psychologist* (2016), 71: 427-436.

American Psychological Association. "Record Keeping Guidelines." *American Psychologist* (2007), 62(9):1993-1004.

American Psychological Association. "Responsible Conduct of Research" (2016). Retrieved from http://www.apa.org/research/responsible/index.aspx

Barnet, J. E. "Ethical Issues in Clinical Supervision," *Ethics Update* (2011), 64(1): 19.

Beck, J. R. "Christian Codes: Are They Better?" in *Christian Counseling Ethics: A Handbook for Therapists, Pastors & Counselors*, eds. R. K. Sanders. Downers Grove, IL: IVP, 1997.

Bersoff, D. N., DeMatteo, D., & Foster, E. E. "Assessment and Testing." in *APA handbook of ethics in psychology, vol 2: Practice, teaching, and research in Clinical and Counseling Psychology*, S. J. Knapp, et al. (Eds.), Washington, DC: APA. 2012.

Butman, R. E. "Qualifications of The Christian Mental Health Professional." in *Christian Counseling Ethics: A Handbook for Therapists, Pastors & Counselors*, R. K. Sanders (Eds.), Downers Grove, IL: IVP. 1997.

California Board of Behavioral Sciences. "Board Statues and Regulations" (2002). Retrieved from http://www.bbs.ca.gov/bd_activity/law_reg.shtml.

California Board of Psychology. *Laws and Regulations Relating to the Practice of Psychology*, Sacramento. CA: State of California Department of Consumer Affairs, 2002.

California Board of Psychology. "Laws and Regulations" (2017). Retrieved from http://www.psychology.ca.gov/laws_regs/index.shtml#recentlaws

California Board of Psychology. "The California Department of Consumer Affairs, Board of Psychology Newsletter" (2017). Retrieved from http://psychology.ca.gov/forms_pubs/updates.shtml

California Medical Association. "Retention of Medical Records, Document

#4005, CMA On-Call, The California Medical Association's Information-On-Demand Service" (2008). Retrieved from http://www.thedocuteam.com/docs/retention_medicalrecords.pdf.

Christian Association for Psychological Studies. "Statement of Ethical Guidelines" (2005). Retrieved from http://caps.net/about-us/statement-of-ethical-guidelines.

Collins, G. R. *Excellence and Ethics in Counseling*. 오윤선 역. 『기독교와 상담윤리』. 서울: 두란노, 1996.

Collins, G. R. *New Christian Counseling*. 3rd Edition. 한국기독교 상담심리치료학회 역. 『뉴 크리스천 카운슬링』 3판. 서울: 두란노. 2008.

Cooper, Harris. "Principles of Good Writing: Avoiding Plagiarism" (2016). Retrieved from http://blog.apastyle.org/apastyle/2016/05/avoiding-plagiarism.html

Corey, G., Corey, M. S., & Callanan, P. *Issues and Ethics in the Helping Professions*, 8th Edition, CA: Belmont, 2011.

Emanuel, E., Abdoler, E, & Stunkel, L. *Research Ethics: How to treat people who participate in research*, Bethesda, MD: National Institute of Health Clinical Center Department of Bioethics. 2009.

Fisher, M. A. "Protecting Confidentiality Rights: The Need for an Ethical Practice Model." *American Psychologist* (2008), 63: 1-13.

Gabriel, L. *Speaking the Unspeakable: The ethics of dual relationships in counseling and psychotherapy*, New York: Routledge. 2005.

Geisler, Norman. *Christian Ethics*. 1996.

Glosoff, H. L., Herlihy, S. B., & Spence, E. B. "Privileged Communication in the Psychologist-Client Relationship." *Professional Psychology: Research and Practice* (1997), 28: 573-581.

Gottlieb, Michael C. "Avoiding Exploitive Dual Relationships: A Decision-Making Model." *Psychotherapy: Theory, Research, Practice, Training* (1993). 30: 41-48.

Hawkinds, I. L. & Benson, C. K. "Christian Response to the Unethical Healer." in *Christian Counseling Ethics: A Handbook for Therapists, Pastors & Counselors*, R. K. Sanders (Eds.), Downers Grove, IL: IVP. 1997.

Ivey, L. C. & Doenges, T. "Resolving the Dilemma of Multiple Relationships for Primary Care Behavioral Health Providers." *Professional Psychology: Research and Practice* (2013), 44: 218-224.

Jordan, A. E. & Meara, N. M. "Ethics and the Professional Practice of Psychologists: The Role of Virtues and Principles." *Professional Psychology: Research and Practice* (1990), 21: 107-114.

Kitchener, K. S. "Intuition, Critical Evaluation and Ethical Principles: The Foundation for Ethical Decisions in Counseling Psychology." *The Counseling Psychologist* (1984). 12: 43-55.

Kitchener, K. S. "Teaching Applied Ethics in Counselor Education: An Integration of Psychological Processes and Philosophical Analysis." *Journal of Counseling & Development* (1986), 64: 306-310.

Kitchener, K. S. & Anderson, S. K. *Foundations of Ethical Practice, Research, and Teaching in Psychology and Counseling.* 2nd edition, New York: Routledge. 2011.

Knapp, S. J. *APA Handbook of Ethics in Psychology* vol. 2. Washington, MD: APA. 2012.

Knapp, S. J., VandeCreek, L. D., & Fingerhut, R. *Practical Ethics for Psychologists: A Positive Approach*, 3rd Edition, Washington, MD: APA. 2017.

Koocher, G. P. & Keith-Spiegel, P. *Ethics in psychology and the mental health professions: standards and cases* (3rd ed.). New York: Oxford, 2008.

Koocher, G. P., Shafranske, E. P. & Falender, C. A. *Casebook for Clinical Supervision: A Compentency-Based Approach*, Washington, MD: APA. 2008.

Landrum, E. R. & McCarthy, M. A. *Teaching Ethically: Challenges and Opportunities*, Washington, MD: APA, 2012.

Lazarus, A. A. & Zur, O. *Dual Relationships and Psychotherapy*. New York: Springer. 2002.

Lukens, H. C. Jr. "Essential Elements for Ethical Counsel." in *Christian Counseling Ethics: A Handbook for Therapists, Pastors & Counselors*, R. K. Sanders (Eds.), Downers Grove, IL: IVP, 1997.

McMinn, M. R. & Meek, K. R. "Training Program." in *Christian Counseling Ethics: A Handbook for Therapists, Pastors & Counselors*, R. K. Sanders

(Eds.), Downers Grove, IL: IVP, 1997.

Nagy, T. F. *Essential Ethics for Psychologists: A Primer for Understanding and Mastering Core Issues*, Washington, MD: APA, 2011.

Pope, K. S., Keith-Spiegel, P. & Tabachnick, B. G. "Sexual Attraction to Clients: The Human Therapist and the (Sometimes) Inhuman Training System." *Training and Education in Professional Psychology* (2006), S: 96-111.

Pope, K. S., Sonne, J. L. & Holroyd, J. *Sexual Feelings in Psychotherapy: Explorations for Therapists and Therapists-in-Training*. Washington, MD: APA, 1993.

Rachels, J. *The Elements of Moral Philosophy*, 노혜련, 김기덕, 박소영 역, 『도덕철학의 기초』, 서울: 나눔의 집, 2006.

Rae, S. B. *Moral Choices: An Introduction to Ethics*, 2nd Edition. Grand Rapids, MI: Zondervan. 2000.

Rest, J. R. "Background: Theory and research." in *Moral Development in the Professions: Psychology and Applied Ethics*. J. R. Rest et al. (Eds.), Hillsdale, NJ: Lawrence Erlbaum Associates. 1994.

Rodolfa, E. "Professional psychology competency initiatives: implications for training, regulation, and practice." *South African Journal of Psychology* (2014), 44(2): 121-135.

Rodriguez, M. M., Cornish, J. A., Thomas, J. T., Forrest, L., Anderson, A., & Bow, J., N., "Ethics Education in Professional Psychology: A Survey of American Psychological Association Accredited Programs." *Training and Education in Professional Psychology* (2014), 8(4): 214-247.

Sanders, R. K. *Christian Counseling Ethics: A Handbook for Psychologists, Therapists and Pastors*. Downers Grove, IL: IVP, 2013.

Shackelford, J. F. & Sanders, R. K. "Sexual Misconduct and The Abuse of Power." in *Christian Counseling Ethics: A Handbook for Therapists, Pastors & Counselors*, R. K. Sanders. (Eds.), Downers Grove, IL: IVP, 1997.

Smith, R., Riva, M. T., & Erickson Cornish, J. A."The Ethical Practice of Group Supervision: A National Survey." *Training and Education in Professional Psychology*. (2012), 6(4): 238-248.

Somberg, D. R., Stone, G. L. & Claiborn, C. D. "Informed Consent: Therapists' Beliefs and Practices." *Professional Psychology* (1993), 24: 153-159.

Sternberg, R. "A Model for Ethical Reasoning" (2012), 16(4): 319-326.

Swenson, E. V. "Legal Issues in Clinical and Counseling Testing and Assessment." in *APA handbook of testing and assessment in psychology, vol. 2: Testing and assessment in clinical and counseling psychology*. K. F. Geisinger, et al. (Eds). Washington, DC: APA, 2013.

Tjeltveit, A. C. "Psychotherapy & Christian Ethics." in *ChristianCounseling Ethics: A Handbook for Therapists, Pastors & Counselors*, R. K. Sanders (Eds.), Downers Grove, IL: IVP, 1997.

Thomas, J. T. "Informed Consent Through Contracting for Supervision: Minimizing Risks, Enhancing Benefits." *Professional Psychology: Research and Practice* (2007), 38(3): 221-231.

Thomas, J. T. *The Ethics of Supervision and Consultation: Practical Guidance for Mental Health Professionals*. Washington, MD: APA, 2010.

Turner, S. M., DeMers, S. T., Fox, H. R., & Reed, G. M. "APA's Guidelines for Test User Qualifications: An executive summary." in D. N. Bersoff (Ed.), *Ethical conflicts in psychology*. Washington, DC: APA, 2008.

U.S. Department of Health & Human Services (2002). "45 CFR Parts 160 and 164 Standards for Privacy of Individually Identifiable Health Information; Final Rule." https://www.hhs.gov/hipaa/for-professionals/privacy/index.html.

Welfel, E. R. "Teaching Ethics: Models, Methods, and Challenges." in *APA Handbook of Ethics in Psychology: vol.2. Practice, Teaching, and Research*, S. J. Knapp, et al. (Eds), Washington, DC: APA, 2012.

Younggren, J. N. & Gottlieb, M. C. "Managing Risk When Contemplating Multiple Relationships." *Professional Psychology: Research and Practice* (2004), 35: 255-260.

Zelen, S. L. "Sexualization of Therapeutic Relationships: The Dual Vulnerability of Patient and Therapist." *Psychotherapy* (1985), 22: 178-185.

Zur, O. "On Law-Imposed Dual Relationships" (2014). Retrieved from http://www.zurinstitute.com/duallaw.html.

CLC 도서 광고

에릭 L. 존슨 지음 | 전요섭 외 옮김 | 신국판 양장 | 816면

심리학에 대한 분명한 기독교적 입장으로 기독교 심리학을 개척하는 탁월한 연구서다. 심리학과 성경을 이분법적으로 구분하여 출발하기보다 실제 오늘날 영혼 돌봄을 담당하는 사람들이 직면하는 이분법적 상황이 비기독교계와 기독교계 사이에 존재하는 분리의 문제에 있음을 지적한다.

전요섭 지음 | 신국판 | 416면

15가지의 상담기법을 설명하고, 기독교 상담학의 입장에서의 방향성을 제시한다. 기독교 상담의 입장에서 일반 상담과 심리치료기법을 비평하며 응용 가능성을 모색한다. 여러 상담기법을 상담 현장에서 활용하려는 상담학 전공자나 상담에 많은 관심을 가지고 있는 목회자에게 유익한 책이다.

CLC 도서 광고

전요섭, 황미선 지음 | 사륙판 양장 | 424면

심리관련 교양도서로서 우리의 생활 속에서 얼마든지 발견할 수 있는 심리적 현상들을 모아 100가지로 정리하였다. 누구나 쉽게 읽을 수 있으며 상식과 이야기의 예화 자료로도 사용할 만한 내용들을 풍성히 담고 있다.

상담 윤리와 법
Counseling Ethics and Law

2017년 12월 31일 초판 발행

| 지 은 이 | 김화자
| 편   집 | 정희연, 곽진수
| 디 자 인 | 전지혜
| 펴 낸 곳 | 사)기독교문서선교회
| 등   록 | 제16-25호(1980. 1. 18)
| 주   소 | 서울시 서초구 방배로 68
| 전   화 | 02) 586-8761~3(본사) 031) 942-8761(영업부)
| 팩   스 | 02) 523-0131(본사) 031) 942-8763(영업부)
| 홈페이지 | www.clcbook.com
| 이 메 일 | clckor@gmail.com
| 온 라 인 | 기업은행 073-000308-04-020, 국민은행 043-01-0379-646
| | 예금주: 사)기독교문서선교회

ISBN 978-89-341-1756-8 (93180)

* 낙장 · 파본은 교환해 드립니다.

이 도서의 국립중앙도서관 출판시 도서목록(CIP)은 서지정보유통지원시스템 홈페이지(http://seoji.nl.go.kr)와 국가자료공동목록시스템(http://www.nl.go.kr/kolisnet)에서 이용하실 수 있습니다.
(CIP제어번호: CIP2017033756)